교회가 이 땅의 소망입니다

교회가 이 땅의 소망입니다

지은이 김병삼
펴낸이 안용백
펴낸곳 (주)도서출판 넥서스

초판 1쇄 발행 2010년 12월 15일
초판 2쇄 발행 2010년 12월 20일

출판신고 1992년 4월 3일 제311-2002-2호
121-840 서울시 마포구 서교동 394-2
Tel (02)330-5500 Fax (02)330-5555
ISBN 978-89-6000-812-0   03230

저자와 출판사의 허락 없이 내용의 일부를 인용하거나
발췌하는 것을 금합니다.

저자와의 협의에 따라서 인지는 붙이지 않습니다.

가격은 뒤표지에 있습니다.
잘못 만들어진 책은 구입처에서 바꾸어 드립니다.

www.nexusbook.com
넥서스CROSS는 (주)도서출판 넥서스의 기독 브랜드입니다.

교회가 이 땅의 소망입니다

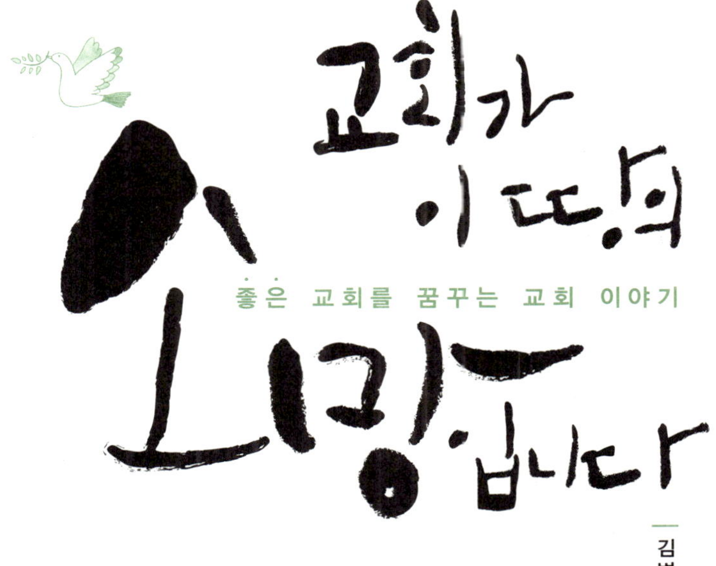

좋은 교회를 꿈꾸는 교회 이야기

김병삼 지음

넥서스CROSS

이 땅의 소망이 되는
만나교회를 꿈꾸며 …

이제 29살이 된 만나교회의 이야기입니다. 1981년 9월 30일, 잠실 종합운동장 맞은편 공터에 자리한 초라하고 컴컴한 천막에서 '만나'가 태어났습니다. 누구도 찾아올 것 같지 않던 비좁고 누추한 곳이었지만, '성장하며 일하는 교회'의 비전을 품은 사람들이 하나둘 찾아오기 시작했습니다.

그리고 천막에서, 그 후엔 상가 건물에서 같은 비전을 품은 이들이 모여 온종일 부대끼며 소망을 이야기하고 사랑을 나누며 하루가 다르게 쑥쑥 커 갔습니다. 그런데 뜻하지 않은 철거 명령이 떨어졌고 겨우 세 살배기 만나는 송파로 이사가게 되었습니다. 먼저 있던 교회가 짓다 말고 간 썰렁한 몸체를 성도들은 감사로 옷을 입히고 믿음으로 밥을 먹이며 키웠습니다. 그러나 '성장하며 일하는 교회'의 비전을 담아내기에는 너무나 좁았던 송파 성전에서 분당 내 1호 종교부지로 교회를 이전할 수 있다는 소식을 듣게 되었습니다. 모두 힘들 것이라고, 불가능할 것이라고 고개를 저었지만, 비전의 사람들은 마침내 1993년 별관에 이어 1996년 대성전을 짓고 그 지경을 넘쳤습니다.

만나가 어엿한 성인으로 자라기까지 사랑의 물과 기도의 양분을 주며 돌보셨던 고(故) 김우영 목사님이 갑작스러운 병환으로 목회 일선을 잠시 떠날 수밖에 없었습니다. 20살 청년 만나의 선택은 당시 기획목사였던 지금의 저였습니다. 세습이 아닌 선택으로, 새로운 청년기의 문을 열게 된 만나는 지금까지 축적된 역량 속에서 놀라운 변화와 성장을 이루어냈습니다.

만나는 그 태생에서부터 자기 자리를 마련하고 그곳에서 안주하는 안정된 교회와는 거리가 멉니다. 각 단계마다 선택과 변화를 통해 누구도 가보지 않은 길을 먼저 걸어갔기 때문입니다. 만나의 거듭되는 혁신을 두고 너무 자주 변하는 것이 아니냐고, 교회의 전통은 어디 있느냐고 할 수도 있습니다. 이는 만나를 반쪽만 이해하기 때문이 아닐까 싶습니다. 어떤 경영학자는 영속적으로 성공하는 기업은 모두 '보존'과 '변화'의 양면을 함께 갖는다고 했습니다. 그래서 핵심을 보존하고 변화를 자극할 때 기업은 변해가는 세상 속에서도 그 생명력을 갖고 성장하게 된다는 것입니다.

만나교회는 끊임없이 변화해왔습니다. 그러나 그 핵심은 단 한 번도 변한 적이 없습니다. 1세대 '교회다운 교회, 세계 속의 교회, 일하며 성장하는 교회'와 2세대 '이 땅의 소망이 되는 교회'의 핵심은 단 한 가지입니다. '세상 속에서 교회의 제 모습을 지키며 커간다'는 것입니다. 목회철학 또한 바뀐 적이 없습니다. 1세대의 "오라 내가 너를 쉬게 하리라. 가라 내가 너와 함게 하리라"(마 11:28, 28:20)와 2세대의 '모이는 교회, 흩어지는 교회'는 다른 이야기가 아닙니다. 모여서 사랑하고 흩어져 그 사랑을 나눈다는 원칙은 앞으로도 계속 지켜질 만나교회의 철학입니다.

몇 해 전에 한 통의 전화가 걸려왔습니다. 전화를 하신 분은 다짜고짜 담임목사님이 라디오에 나와 만나교회에 흡연실을 만든다고 했다면서 교회 망신을 시켜도 유분수지 무슨 이런 엉터리 교회가 있느냐며 분통을 터뜨리셨습니다. 그런데 사실입니다. 그러면 지금부터 만나교회만의 특징을 살펴보겠습니다.

● 만나교회에는 흡연실이 있습니다.

흡연실 논란으로 어수선할 때 만나교회는 '오늘, 분당에서 예수님이 목회를 하셨다면 어떻게 하셨을까?'라고 질문해봤고 간단하게 결론을 내릴 수 있었습니다. 예수님은 믿지 않는 사람, 담배 피우는 사람, 죄를 짓고 사람들에게 손가락질 받는 사람을 위해 교회의 문을 활짝 열고 기다리셨을 것이라고 생각했습니다. 그들이 하나님을 믿고, 담배를 끊고, 다시는 죄를 짓지 않기로 결단할 때까지 무던히 참으셨을 것이라고 말입니다. 이처럼 만나교회는 아직 하나님을 모르는 영혼이 하나님을 만날 수 있도록 지역과 대한민국 곳곳, 세계 구석구석에 하나님의 마음을 품고 흩어지는 '선교하는 교회'입니다.

• **만나교회에는 위아래가 없습니다.**

만나교회에서 가장 편리하게 오갈 수 있는 1층에는 교육부와 몸이 불편한 분들을 위한 소망부가 자리 잡고 있습니다. 덕분에 연세 지긋한 장로님들과 목사님들은 명당을 내놓고 몇 층씩 오르내리는 수고를 해야 합니다. 만나교회는 한국과 세계를 하나님께 돌이키게 할 크리스천 리더를 키우기 위해 다음 세대를 '교육하는 교회'입니다.

• **분당에는 382개의 만나교회가 있습니다.**

만나교회를 겉으로만 보면, 수많은 성도를 거느리고 커다란 건물을 가진 하나의 대형교회입니다. 그러나 그 속에 382개의 교회가 있습니다. 나이와 지역, 직업과 관심사에 따라 모인 만나교회 382개의 셀은 각각 작은 교회로서 예배와 교육, 나눔과 선교를 담당합니다.

• **대형마트와 만나교회의 공통점: 연중무휴**

만나교회는 365일, 24시간 기도를 쉬지 않는 연중무휴 기도 공동체입니다. 만나교회는 중보기도팀을 중심으로 교회와 지역, 나라와 세계를 위해 단 하루도, 한시도 쉬지 않고 릴레이 기도를 이어가는 '중보기도가 있는 교회'입니다.

- **만나교회에는 저녁예배가 없습니다.**

만나교회에는 가족과 함께 보내야 하는 저녁 시간을 존중하여 저녁예배가 없습니다. 그러나 가정을 살리고 믿음의 가문을 세우기 위한 결혼예비학교, 헬로맘, 젊은부부학교, 말씀 먹이는 아버지, 50세 희년학교 등 가정의 영적 에너지를 끊임없이 솟아나게 하는 '가정 사역이 있는 교회'입니다.

- **만나교회는 국가 공공기관과 함께하고 있습니다.**

시청, 구청, 동사무소, 노인정, 각종 시설과 복지센터는 지역사회와 주민들을 위해 도움이 필요할 때 만나교회를 찾습니다. 식사를 거르는 이웃에게 도시락을 나누고, 스스로 목욕할 수 없는 이웃을 씻겨주고, 세상 구경을 하기 어려운 이웃에게 나들이를 시켜주는 '나눔이 있는 교회'입니다.

- **TV보다 더 재밌고, 더 감동적인 만나교회 예배**

만나교회의 주일예배는 다섯 번이 아니라 다섯 가지입니다. 똑같은 예배를 다섯 번 드리는 것이 아니라 각각 내용과 형식이 다른 다섯 가지의 예배를 드립니다. 때에 따라 놀이공원 조형물이 강대상에 등장하기도 하고, 설교 중간에 최신 드라마를 보거나 유행가를 들을 때도 있습니다. 온 맘과 정성과 모든 달란트를 통해 하나님을 찬양하고, 다른 성도들이 하나님을 만날 수 있도록 돕는, 역동적이고 감동이 있는 '예배 중심 교회'입니다.

서른을 눈앞에 둔 만나교회는 나이로 보면 Y세대라고 할 수 있어서인지 기존 교회에 대한 생각을 뒤집는 튀는 교회입니다. 그러나 만나교회가 이렇게 '튀는' 이유는 한 가지입니다. 하나님 마음에 '띄는' 교회가 되기 위해서입니다. 예배를 통해 모든 교인이 하나님의 살아 계심을 경험하고, 하나님의 말씀을 들을 뿐만 아니라 행동하는 크리스천이 되어 하나님 눈에 '띄고자' 만나교회는 '튀는 교회'의 움직임을 쉬지 않을 것입니다.

김병삼

만나교회 김병삼
담임목사님을 소개합니다!

P : Passion　　　김병삼 목사님은 무엇보다 열정의 사람입니다. 하나님에 대한 열정, 하나님 마음에 합한 교회를 만들어가기 위한 열정, 자신의 양을 건강하게 양육하기 위한 열정이 있습니다. 이 열정은 목회를 시작하게 하고, 또 계속하게 하는 가장 기본적인 조건이며 목사님 스스로 가장 당연하게 여기는 덕목입니다.

A : Academic　　　김병삼 목사님에게 학력은 중요한 요건도 자랑거리도 아닙니다. 그렇지만 보다 깊이 있고 체계적인 교육이 교인들의 신앙교육의 기반이 되기에 목사님의 학력을 소개합니다. 담임목사실에 그 흔한 졸업장도 없고, 박사가운도 입지 않는 목사이지만, 김병삼 목사님은 감리교신학대학교 학부와 대학원을 졸업하고, 게렛신학교에서 목회학 박사를, United Theological Seminary에서 선교학 박사를 받았습니다.

S : Speech　　　만나교회 새신자들이 교회 등록을 결심한 이유 중에 많이

손꼽는 것이 김병삼 목사님의 설교는 졸리지 않고 삶을 변화시킨다는 것입니다. 또한, 지성과 감성이 적절히 결합된 설교로 평가받습니다. 김병삼 목사님은 깊은 묵상과 솔직함, 예리한 신학적 접근을 탁월한 언변으로 풀어가는 이 시대의 대표적인 명설교가입니다.

T : Tear 김병삼 목사님은 눈물이 많습니다. 40대 중반의 남성이 무슨 눈물이냐고 할 수 있겠지만, 참 눈물이 많습니다. 하나님의 눈물이 고인 곳을 바라보기에 함께 눈물 흘릴 수밖에 없으며, 이 눈물이 마른다면 그때는 목회할 자격을 잃게 되는 것이기에 지금도 성도들의 아픔에, 세상의 곪은 상처에 눈물을 닦아 내립니다.

O : Obedience 김병삼 목사님은 누구보다 강한 추진력을 갖고 있고 웬만해서는 조건과 타협하지 않는 성향이지만, 하나님 앞에서는 꼼짝 못하는 영락없는 하나님의 종입니다. 하나님이 기뻐하시지 않을 때는 자신의 비전을 포기하고 하나님이 원하시지 않을 때는 자신의 계획을 접는 분입니다.

R : Reality 김병삼 목사님은 간혹 당혹스러울 만큼 솔직합니다. 수많은 성도 앞에서 거침없이 자신을 드러내는 모습이 처음에는 놀랍기도 하지만, 스스로 오픈하는 것이 목사로서 자신을 지켜내는 방법이라는 이유 있는 솔직함을 알게 되면 저절로 고개가 끄덕여집니다.

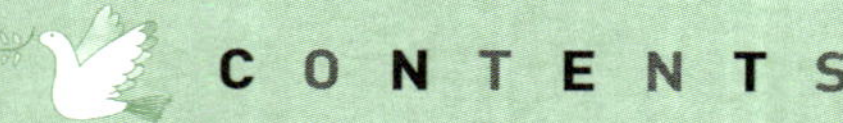

CONTENTS

PART 3 우리가 꿈꾸는 교회

어떤 교회가 진정한 교회일까요? 많은 일을 하여 교회의 이름을 드러내기보다
하나님의 말씀을 좇아 옳은 일을 행하는 교회, 끊임없이 하나님의 마음을 이해하며
옳은 길을 가는 교회, 그래서 세상 사람들은 이해할 수 없는 엉뚱한 일을 하기도 하는
늘 기대감이 있고 감사와 감격이 있는 공동체가 바로 진정한 교회 아닐까요?
사람의 상식으로 이해되고 모든 인간의 합리성을 만족시키는 교회가 아니라 우리의
이성과 상식을 뛰어넘지만 하나님의 마음에 맞는 일을 위해 움직일 수 있는 교회, 그
런 교회에서 쓰임받는다면 상상만 해도 가슴이 뛰지 않습니까?

하나님이 기뻐하시는 교회

거룩한 불만족이 사명으로 |

새로운 목회, 새로운 패러다임 | 이 땅에 소망이 되는 교회

우리가 가진 불만족스러운 일이
우리를 쓸모없는 사람으로 만들지는 못합니다.
지금 있는 자리에서 하나님이 부르시면, 아무리 낮은 자리에 있다 해도
우리를 위대한 민족의 지도자로 세우실 것입니다.

MANNA
METHODIST CHURCH

거룩한 불만족이 사명으로

■■ 하나님이 주시는 꿈! 열정! 비전!

환경, 부모, 재산, 직업 등 자신의 모든 것에 만족하십니까? 이 세상의 어느 누구도 자신의 삶에 완벽하게 만족하는 사람은 없을 것 같습니다. 보통 사람들은 어떤 부분에서든 불만족스러운 부분을 가지고 살아갑니다. 그러나 불만족스러웠던 일들이 사명으로 바뀔 때 위대한 사람이 만들어집니다.

그렇다면 당신에게는 비전과 열정이 있습니까? 지금 이 순간에도 무언가 하고 싶은 일이 있을 것입니다. 하지만 그것이 하나님께로부터 오는 것인지, 아니면 자신의 욕망인지 구별해야 합니다. 하나님은 자기의 욕망만을 이루려 하는 사람은 쓰시지 않기 때문입니다. 하나님은 그분이 주시는 꿈과 비전을 가진 사람을 쓰십니다.

먼저 모세에 대해서 이야기해보려고 합니다. 우리가 잘 아는 것처럼 모세는 신앙이 있는 사람이었습니다. 어렸을 때부터 믿음이 있는 어머니 품에서 자랐습니다. 그는 이집트의 왕자였지만, 자신이 히브리 사람이라는 것을 알고 있었습니다. 그래서 어느 날 밖에 나갔다가 자기 민족 히브리 사람들이 매를 맞는 것을 보고 화가 나 애굽 사람을 죽이게 됩니다.

모세에게는 애국심이 있었습니다. 그에게는 열정도 있었습니다. 그리고 자기 민족을 위해 사람을 죽이고 도망칠 정도의 희생정신도 있었습니다. 그러나 애굽 사람을 죽인 순간, 그의 삶은 성공과는 거리가 멀어졌습니다. 그 후 40년 동안 미디안 광야에서 도망자 생활을 합니다.

그럼, 이쯤에서 이런 의문이 생길 수 있습니다. 그는 배운 것이 많고, 애국심과 열정도 있었습니다. 그런데 왜 하나님은 그를 사용하시지 않고, 도망자가 되게 내버려두셨을까요? 그가 가졌던 열정은 하나님께서 주신 열정이 아니었기 때문입니다.

그로부터 40년이 지나갔습니다. 모세가 양을 치고 있습니다. 그런데 그 양들은 모세의 소유가 아니라 장인 이드로의 소유입니다. 따라서 그가 여전히 실패자라는 것을 알 수 있습니다. 애굽을 떠난 지 40년이 지났는데, 재산도 하나 모아두지 못하고 철저하게 실패했던 사람이 모세였습니다.

그런데 그곳에서 하나님이 부르십니다. 하나님이 부르신 장소가 어디입니까? 미디안 광야, 시내 산입니다. 그곳에는 그가 치던 양들의 배설물이 많이 있어 더러웠고, 돌이 많아 위험하기까지 했습니다. 그런데 하나님께서 모세에게 이렇게 말씀하셨습니다.

"모세야, 네가 선 땅은 거룩한 곳이다."

왜 그곳이 거룩합니까? 더러운 곳이자 그에게는 실패의 자리인데, 하나님은 대체 왜 그곳이 거룩하다고 말씀하십니까? 이유는 딱 한 가지입니다. 하나님이 그곳에 계셨기 때문입니다. 그곳에서 하나님이 모세를 부르셨고 이렇게 말씀하셨습니다.

"모세야! 이제 내가 너를 써야겠다. 네 백성의 부르짖음을 들었기 때문이다. 그들의 아픔을 보았다. 그들을 구원해내야겠다. 그런데 네가 필요하다."

모세는 자신의 열정 때문에 하나님께 쓰임받았던 것이 아니었습니다. 그는 철저하게 실패한 사람이었지만, 하나님이 그를 부르실 때 위대한 리더가 되었습니다. 우리가 가진 불만족스러운 일이 우리를 쓸모없는 사람으로 만들지는 못합니다. 지금 있는 자리에서 하나님이 부르시면, 아무리 낮은 자리에 있다 해도 우리를 위대한 민족의 지도자로 세우실 것입니다.

■■ 비전 2020 프로젝트

저는 지난 2004년 만나교회 2대 담임목사로 취임하게 되었습니다. 그런데 취임 초기 많은 혼란을 겪었습니다. 왜냐하면 세습에 대한 사회적인 선입견이 있었고, 저도 나름 젊은 목회자로서 신선한 목회 비전을 갖고 새로운 교회를 설립하고자 하는 욕심이 있었기 때문입니다.

그러나 당시 담임목사였던 선친께서 갑작스러운 병환으로 쓰러지시자,

교회에 혼란이 올 수 있다는 이유에서 제가 담임목사로 취임하게 되었고, 지금까지 만나교회가 세워지고 걸어온 길과 함께 앞으로 나아가야 할 길에 대해 고민하게 되었습니다.

그래서 담임목사가 된 후 가장 먼저 목회 비전을 새롭게 세워야 한다는 생각에서 비전 2020 프로젝트 팀을 구성하고 목회 비전 수립을 진행했습니다. 먼저 두 차례에 걸친 워크숍에서는 토론을 통하여 비전 가치를 공유했고, 만나교회의 비전 및 각 부서가 나아갈 방향을 공유하는 시간을 가졌습니다. 만나교회의 문화, 특히 조직문화에 대한 설명을 듣고, 문화적 강점과 약점에 대한 워크숍이 진행되었으며, 설문조사를 통해 발견한 만나교회의 장단점을 분석하여 앞으로 해야 할 일에 대한 우선순위를 설정하였습니다.

설립 23년이 되던 때, 만나교회는 2대 담임목사의 취임으로 교회 발전을 위한 제2의 도약 시기를 맞았습니다. 그래서 만나교회 성도들의 의견은 물론, 분당 내 비성도들과 타 교회 성도들의 의견까지 수용하여 진정한 교회의 역할을 탐색하였고, 그것을 발전 방향으로 삼아 만나교회의 발전을 위한 간담회를 열게 되었습니다.

비성도(교회는 물론 천주교, 불교 등 어떤 종교도 없는 분당 내 거주자)와 타 교회 성도(분당 내 다른 교회 또는 성당에 다니는 성도), 만나교회 성도(집사 이하 그룹과 교역자 및 주요 임직자 그룹), 이렇게 4개의 그룹으로 조사대상을 나누어 소집단 심층면접(Focus Group Interview)을 진행하였습니다.

첫째로 교회에 대한 전반적 인식 및 이미지, 둘째로 만나교회 및 대형교회에 대한 인식과 이미지, 셋째로 성도들이 생각하는 만나교회의 현재와 미래, 넷째로는 교회 건물 및 기타 홍보물에 대한 의견을 물어보았는데 그 결과를 다섯 가지로 요약하면 다음과 같습니다.

첫째, 성장에서 성숙으로 나아가야 한다.

둘째, 서로 소통하고 조화를 이루는 교회 문화를 형성해야 한다. 즉, 모든 성도가 교류할 수 있고, 소속감을 느끼며, 서로 섬기고 사랑을 실천할 수 있는 문화를 조성해야 한다는 것입니다. 또한 유기적 교류를 위한 장치가 필요하며, 성도가 공감하는 사업, 성도가 실천하는 사역을 하기 위해 성도의 의견에 귀 기울이는 문화가 필요합니다. 그리고 아래로의 사랑을 실천하여 목사, 장로, 전도사, 권사보다 새신자, 어려운 성도들이 사랑을 느낄 수 있는 교회, 항상 일하는 성도만 일하는 교회가 아니라 더 많은 성도가 자발적이고 자율적으로 참여하고 싶은 분야에 쉽게 참여하여 일할 수 있는, 모든 성도에게 열린 조직이 필요하다는 것입니다.

셋째, 단단한 셀 구축을 위한 새신자 · 교역자 · 리더 교육이 필요하다. 즉, 성장에서 성숙으로 도약하기 위해 가장 필요한 사역이 교육 사역이며, 새신자, 교역자, 리더들을 위한 교육뿐만 아니라 다양한 차원의 교육이 체계적이고 지속적으로 이루어져야 한다는 것입니다.

넷째, 지역주민 누구나에게 열려 있는 교회가 되어야 한다. 즉, 지역 주민을 위한 공간으로 활용될 수 있고 지역 주민의 성장과 생활을 도울 수 있는 교회, 이기적이고 배타적인 교회가 아닌 누구에게나 열린 공간, 실천적인 열린 교회로 발전하기 위해 구체적으로 고민하고 실천하는 교회가 되어야 한다는 것입니다.

다섯째, 만나교회의 특징을 개발하고 그에 대한 적극적인 홍보가 필요하다. 즉, 현재 만나교회는 대형교회라는 것 이외에 특별한 특징이 없다는 것입니다. 그래서 이로 말미암아 지역 주민에게 만나교회를 알리는 데 장애 요인으로 작용할 수 있고, 만나교회 성도들의 결집력 및 자부심에도 영향을 미칠 수 있습니다. 따라서 향후 교회 발전 방향에 맞는 교회의 특징적인 차별점을 개발할 필요가 있고 이를 위해 만나교회의 특장점에 대한 고찰이 필요합니다. 다른 교회와 차별되는 특징이 상기된다면 교회 발전에 더욱 효과적인 영향을 미칠 수 있다는 것입니다.

그뿐 아니라, 다른 교회들을 방문한 후 벤치마킹을 하여, 8개 팀이 준비한 내용으로 워크숍을 진행했습니다. 그 결과 예배, 성도 조직, 대외 봉사활동, 남성 사역, 복지·예산, 국내외 선교 사역 등 총 6개 부문으로 나누어 만나교회가 앞으로 나아가야 할 방향을 모색하였습니다.

그 과정에서 만나의 얼굴이 새롭게 바뀌었습니다. 비전 설립을 위한 출발과 새로운 도전을 상징하는 만나교회 CI(Church Identity, 교회 정체성)가 만들어진 것입니다. 급변하고 다양화되어가는 현 시대에 복음 전파를 통하여 하나님의 나라를 이 땅에 확장해나가려면 동질성과 차별성을 통한 교회 공동체의 정체성 확립이 필수불가결한 요인이 되었습니다.

결국 독창적인 사역의 진행과 이미지 갱신이 필요하게 되었습니다. 이러한 교회 이미지 갱신 작업은 시기적으로도 만나교회의 새로운 비전 수립과

맞물려 큰 기대 속에 진행되었습니다.

교회 이미지에는 우리의 기대와 미래의 꿈을 담으려고 했습니다. 또한 담임목사의 목회철학 구현 의지와 만나교회의 미래상을 정립하고 가시화, 현실화하기 위해 노력했습니다.

지금처럼 만들어진 만나 심벌은 기독교의 핵심인 예수 그리스도의 십자가를 중심에 두고 부활과 사랑, 하늘로부터 이스라엘 백성에게 내린 만나와 생명양식 그리고 세상을 향해 열린 창을 의미합니다.

심벌의 원형은 태초의 시작과 함께 전 세계가 우리의 선교지라는 의미를 나타내며, 원형 안의 십자가는 예수 그리스도의 사랑과 부활을 의미합니다. 그리고 다양한 색상은 여러 인종과 민족의 하나 됨을 뜻합니다. 즉, 다양한 인종과 민족들이 함께하는 이 세계 속에서 예수 그리스도의 부활과 사랑을 전하는 만나교회가 되고자 하는 비전이 표현된 것입니다.

또한 통합적으로는 출애굽기 16장에 나오는 하늘양식 만나를 형상화하여 세상 모든 사람에게 생명을 공급하고자 하는 의지를 표현했습니다. 그리고 십자가를 통해 세상을 바라보며, 세상을 열린 공간의 의미로 창을 형상화함으로 세상을 섬기며 나아가려는 만나교회의 비전을 담았습니다.

그 결과 '교회가 이 땅의 소망입니다!'라는 슬로건을 정하기에 이르렀습니다. 지금의 만나교회를 바라보면서 그때를 떠올리면 이 모든 것이 하나님의 인도하심과 은혜였음을 새삼 느낍니다.

저는 사실 지금처럼 자신감 넘치는 사람이 아니었습니다. 목사가 되어야 할지 말아야 할지도 많이 고민했습니다. 또한 목사가 되어서도 좋은 목사는 아니었습니다. 아버지가 목사님이셔서 저도 신학교에 갔고, 목사가 되었지만, 늘 이런 고민을 했습니다. '이 길은 내가 가야 할 길이 아닌데, 내가 왜 목사가 되었을까?'

저는 굉장히 노는 것을 좋아해서 목사가 해서는 안 될 일을 많이 했습니다. 그리고 늘 '나는 목사 될 자격이 없어'라고 생각했고, 제 인생의 길을 빨리 바꿔야겠다고 생각했습니다. 하나님이 부르시지 않았는데 목회를 한다는 건 너무 힘든 일이었습니다. 그런데 어느 날 하나님이 저를 만지시는 때가 왔습니다. 물론 제가 원하던 때는 아니었습니다.

어느 날 많은 사람이 모인 집회에 갔습니다. 첫날 저는 처음으로 '오늘은 하나님께 기도 한번 해봐야겠다'라고 생각했습니다. 저는 목사였지만, 그동안 기도하지 않았습니다. 그런데 제 인생에서 그날은 결단하지 않으면 안 되겠다는 생각이 들어서 기도하기 시작했습니다. 그때 저와 함께 참석한 친구도 저처럼 도박을 즐기는 목사였는데 똑같이 이렇게 생각했다고 합니다. '오늘은 기도하자!'

저희는 말씀이 끝난 뒤에도 남아서 기도를 했습니다. 정말 힘들게 기도했던 기억이 납니다. 마음이 굉장히 답답하고 너무 힘들어서 기도를 그만하려고 뒤를 돌아봤는데 친구가 열심히 기도하고 있는 겁니다. 그때 '지지 말아야겠다' 하는 영적 욕심이 생겼습니다. 그래서 다시 기도하기 시작했습니다. 새벽이 되었습니다. 이제 정말 힘들고 지쳐서 가려고 뒤를 돌아봤는데, 그때까지도 기도하는 제 친구가 보였습니다. 그래서 정말 지지 말아야겠다는 생각으로 다시 기도했습니다.

그런데 그것만으로는 부족했습니다. 그래서 그다음 날부터 개인 기도실로 들어가서 한 주 동안 기도했습니다. 거기서 나오면서 처음으로 이렇게 고백했습니다. "하나님이 나를 사랑하시는구나!"

그때까지 저는 하나님이 나를 사랑하시는지 몰랐습니다. 정말 재미있는 사실은 저와 함께 기도했던 그 친구도 너무 힘들어서 그만 가려고 할 때, 기도하는 제 모습을 보고 더 열심히 기도했다는 것입니다. 제가 그 이야기를 듣고 또 고백했습니다. "우리 하나님은 참 좋으신 하나님이시다!" 그 순간부터 하나님이 저를 쓰시기 시작하셨습니다.

하나님께서는 우리에게 무언가 할 수 있다고 말씀하십니다. "내가 너를 부르겠다"라고 말씀하시고, "내가 너를 소명자로 만들겠다"라고 말씀하십니다.

그런데 우리는 이렇게 이야기합니다. "나는 할 수 없어요, 나에게는 능력이 없어요, 나에게는 돈이 없어요." 그러면 하나님이 이렇게 말씀하십니다. "아니, 내가 네게 주었다. 내가 너를 쓰길 원한다." 우리가 할 일은 단지 하나님이 우리를 쓰실 줄로 믿는 것입니다.

■■ 문제를 사명으로 바꾸라

하나님께서 저를 사랑하신다는 것을 알기 전에는 목사가 되어서도 도박하고 놀았다는 죄책감 때문에 스스로 목사 자격이 없다고 생각했습니다. 그런데 하나님이 저를 사랑하신다는 것을 안 순간부터 제 과거의 모든 것도 쓰신다는 것을 알았습니다.

예를 들어볼까요? 대부분 교회에는 남자보다 여자가 많습니다. 그런데 만나교회에는 남자와 여자 비율이 49:51 정도입니다. 그 이유는 제가 설교 시간에 하나님의 은혜를 받기 전에 노는 것을 좋아하고 도박도 했던 것을 솔직하게 이야기하기 때문입니다. 그리고 저는 하나님께서 언젠가 여러분을 부르실 때가 있음을 믿는다고 말하며 "참으세요, 기다리세요, 때가 되면 하나님께서 부르십니다"라고 말합니다.

그래서 만나교회에는 담배 피우는 사람들을 위해 흡연실도 만들었습니다. 설령 지금은 담배를 피우는 사람이라도 믿음이 들어가면 변한다는 것을 알기 때문입니다. 또한 지금은 도박을 하는 사람도 변할 것을 알기 때문입니다. 하나님이 사랑하시는 것을 알면, 그들의 삶이 전적으로 변화될 것이라는 사실을 분명히 믿습니다.

지금 우리가 누구인지, 과거에 우리가 누구였는지는 별로 중요하지 않습니다. 하나님이 우리를 부르시는 순간부터 우리의 삶이 전적으로 하나님에 의해 사용될 것이기 때문입니다.

문제는 아직 하나님이 우리를 사랑하신다는 확신이 없는 것입니다. 하나님은 우리의 문제를 통해서 일하시는 분인데, 우리가 하나님 앞에서 문제를 사명으로 바꾸지 못하기 때문입니다.

어느 날 교인들과 함께 극장에 가서 〈태극기 휘날리며〉라는 영화를 봤습니다. 그 영화는 한국전쟁에 관한 영화로, 처음부터 끝까지 총을 쏘고 싸우며 피 튀기는 장면이 나왔습니다.

영화를 보던 중에 갑자기 '저 영화의 주인공은 죽어도 안 죽는구나'라는 생각이 들었습니다. 주인공이 죽으면 영화가 끝나기 때문에 주인공은 아무리 총을 맞고 피를 흘려도 끝까지 죽지 않는 것입니다.

마찬가지로 우리도 하나님 앞에서 주인공입니다. 우리의 사명이 끝나지 않는 한, 우리는 결코 죽지 않습니다. 하나님은 우리를 사용하기 원하실 때까지 사용하십니다. 그러므로 우리에게 사명이 오면 두려워할 필요가 없습니다. 내 능력과 지혜가 부족해도 하나님이 사용해주시기 때문입니다.

제가 은혜를 받고 목회를 열심히 하며 교회가 한창 성장하고 있을 때, 몸이 많이 아팠습니다. 한창 쓰임받고 있고, 주님의 일도 많이 하는 중에 몸이 아프다니 참 이상한 일이었습니다.

보통 주일에 4~5번 설교를 하는데 어느 날은 계속 서 있다가는 쓰러질 것 같아서 설교를 마치지 못하고 중간에 내려갔습니다. 그리고 모든 예배가 끝난 후 병원으로 가서 종합검사를 받았습니다. 그런데 아무런 이상이 발견되지 않는 것이었습니다. 몸 상태가 계속 좋지 않아 목회를 계속하지 못하고 결국 제주도로 요양을 갔습니다. 그곳에서 쉬는 중에도 응급차에 실려 병원으로 갔습니다. '이러다가 사람이 죽는구나!' 하고 처음으로 죽음을 경험했습니다.

응급차에 실려 가면서 죽는 것은 무섭지 않았지만 두 가지를 생각했습니다. '내가 죽으면 내 아들딸 어떻게 살아갈까?', '담임목사가 이렇게 죽으면 교인들의 마음에 상처가 남겠구나!' 하는 생각이었습니다.

그래서 병원으로 실려 가는 중에 죽지 않으려고 눈을 부릅뜨고 있었습니다. 병원에 도착하여 응급실에서 주사를 맞고 깨어났더니 다음 날이었습니다. 의사가 저에게 물었습니다.

"목사님, 어제 왜 그렇게 눈을 부릅뜨고 계셨어요?"

"눈 감으면 죽을까 봐서요."

"목사님, 그때 눈감고 주무셨으면 병원까지 안 오셔도 됐어요."

전 매일 아팠지만 병원에서는 원인을 알지 못했습니다. 그러고 나서 밝혀진 병이 공황장애였습니다. 그 병이 저에게 온 이유는 한 가지였습니다. 제가 너무 열심히 일한 탓이었습니다. 몸이 완전히 탈진됐고, 몸의 밸런스가 다 깨어졌던 것입니다.

저는 아프기 전까지 교인들에게 이런 설교를 했었습니다.

"여러분, 아프세요? 문제가 있으세요? 그렇다면 하나님께 고쳐달라고 기도하기보다 '이 병을 안고 하나님의 일을 하게 해주세요. 이 문제를 안고 십자가를 지고 하나님의 일을 하게 해주세요'라고 기도하세요."

그렇게 설교하면서 스스로 멋진 목사라고 생각했습니다. 그리고 사도 바울이 떠올랐습니다. 고린도후서 12장을 보면 사도 바울이 그의 '육체의 가시'를 놓고 기도합니다. "하나님 고쳐주세요." 사도 바울의 병은 분명 그의 사역에 장애가 되었을 것입니다.

바울이 얼마나 능력이 많았습니까? 손을 얹으면 사람들이 나았고, 그의 손수건만 던져도 아픈 사람들이 나았습니다. 그런데 그에게 병이 있으니, "하나님, 제가 이렇게 병이 있으면 어떻게 일을 합니까? 제 병도 못 고치면서 어떻게 사람들의 병을 고칩니까?" 하고 하나님께 기도했던 것 같습니다.

그런데 하나님은 고쳐주시지 않고 이렇게 말씀하셨지요.

"내 은혜가 네게 족하다!"

그래서 사도 바울은 자기 가시를 안고 살아갑니다. 저는 그런 그가 정말 멋있었고, 저도 사도 바울과 같은 목회자가 되고 싶었습니다. 그래서 늘 교인들에게 설교했습니다.

"여러분의 병과 아픔을 안고 살아가세요."

그런데 어느 날 밤 저에게 스스로 제어할 수 없는 병이 찾아온 것입니다. 너무 아팠습니다. 병원에 가려고 전화를 했지만 병원과 연락이 되지 않았습니다. 그때 제가 할 수 있는 것은 기도밖에 없었습니다. 침대 아래 무릎 꿇고 앉아 기도했습니다.

"하나님, 제가 멋있게 생각했던 사도 바울처럼 제 육체의 가시를 안고 살아갈게요" 하는 기도가 아니었습니다. "하나님, 저 너무 아파요. 빨리 고쳐주세요!" 하고 기도했습니다.

그때 제 머릿속에 병으로 죽어갔던 교인들의 모습이 떠올랐습니다. 그리고 마음이 너무 아팠습니다. '내가 참고 인내하고 병을 안고 살아가라고 했을 때, 그들이 얼마나 힘들었을까? 내가 그동안 참으라고 이야기했던 것이 얼마나 입술로만 이야기한 것이었을까?' 하나님은 교인들을 이해하지 못했던 나의 마음을 아픔 가운데 기도하면서 깨닫게 하셨습니다. '이 땅에 정말 아파하는 사람들이 많다. 내가 이해하지 못하는 아픔을 가지고 살아가는 이들이 있다.'

그렇게 아픈 시간을 2년 반 동안 보낸 후 지금은 이렇게 고백합니다. '내 인생에서 정말 귀중한 시간이었다. 그런 아픈 시간을 지나지 않았다면 내가 좀 더 좋은 목사가 될 수 없었겠다.' 사실은 제 인생의 아픔이 제 사명인 것을 고백하게 되었습니다.

하나님은 우리가 제일 아파하는 부분을 쓰십니다. 우리가 하나님의 은혜를 알면, 하나님의 사랑을 고백할 수 있다면, 우리의 상처는 사명이 될 것입니다.

■■ 하나님이 원하시는 것

2009년에 미국 하와이 뉴호프 교회를 담임하고 있는 웨인 코데이로 목사님의 설교를 들었습니다. 그 교회는 굉장히 크고 유명한 교회인데 건물은 따로 없고, 학교를 빌려서 예배를 드린다고 합니다.

그런데 어느 날 예고도 없이 학교 측으로부터 나가라는 통보를 받았습니다. 다행히 하와이는 날씨가 따뜻한 곳이라 그 교회는 공원에서 텐트를 치고 예배를 드리게 되었습니다. 그런데 불행히도 공원에서 드리는 첫 예배를 앞두고 비가 내리기 시작했습니다. 예배 때 사용할 전자 악기들이 비가 오면 어떻게 되겠습니까? 그래서 웨인 코데이로 목사님이 하나님께 기도 했습니다.

"하나님, 비가 오지 않게 해주세요."

그리고 하나님이 비를 그치게 해주실 거라는 확신이 생겼다고 합니다. 개인적인 욕심이 아니라 예배를 위한 기도였기 때문입니다. 그런데 열심히 기도했지만 토요일에도 비가 그치지 않고 계속 내리는 것이었습니다. 그래 서 그날 밤에 목사님이 다시 기도하기 시작했습니다. "하나님, 비가 그치게 해주세요. 내일 예배 드려야 합니다."

그리고 확신을 가지고 잠을 잤습니다. 다음 날 비가 그쳤을까요, 안 그쳤 을까요? 비가 더 많이 왔습니다. 그래서 목사님이 또 기도하기 시작했습니 다. "하나님, 오늘 예배를 드려야 합니다. 비 그치게 해주세요!"

차를 타고 예배 드릴 공원으로 가면서도 계속 기도했습니다. "하나님, 비 그치게 해주세요." 이 목사님은 비가 그칠 거라는 확신을 가지고 기도하면 서 와이퍼도 켜지 않고 운전했다고 합니다. 드디어 공원에 도착했습니다. 하지만 비는 계속 내렸습니다.

한번 상상해보세요. 목사님이 강대상에 올라가서 "여러분, 조금 전까지 비가 마구 오고 있었는데 제가 이 예배를 위해 기도했더니 하나님께서 비 를 멈춰주셨습니다. 할렐루야!"라고 말하는 게 우리가 예상하는 이야기 아 닙니까? 하지만 비는 멈추지 않고 계속 내렸고, 목사님이 강대상에 올라가 설교하려고 하자 뒤에 있는 전자 악기들이 터져서 연기가 나기 시작했습니다. 이제는 어떻게 예배를 드려야 할지 모르는 상황이 되었습니다.

목사님은 마음이 아파 눈물을 흘리기 시작했습니다. 사람들은 목사님이 하나님의 은혜를 받아 눈물을 흘리는 줄 알았습니다. 하지만 목사님은 너무 억울해서 눈물을 흘리고 있었던 것이지요.

"하나님, 이건 너무하잖아요, 제가 다른 기도도 아니고 예배를 위해서 기도하는데 왜 들어주시지 않나요?"

그때 하나님께서 대답하셨습니다.

"웨인, 너는 지금까지도 계속 비가 오지 않게 해달라고만 기도하는구나. 너는 오늘 한 번도 예배 가운데 나와 함께해달라는 기도는 하지 않았지? 웨인, 오늘 예배 가운데 중요한 것이 무엇이니? 비가 안 오는 것이 중요하니, 나와 함께하는 것이 중요하니?"

그때 웨인 목사님이 이렇게 고백했다고 합니다.

"하나님, 알겠습니다. 지금 중요한 것은 비가 오고 안 오고가 아니라 오늘 이 예배 가운데 하나님이 계시느냐 안 계시느냐입니다."

우리는 정말 많은 날 동안 환경을 바꾸어달라고 기도합니다. '하나님, 환경이 바뀌면 그 일을 할 수 있을 것 같아요', 또는 '저도 좋은 환경 속에서라면 훌륭한 지도자가 될 수 있을 것 같아요' 등의 기도를 드립니다.

하지만 하나님은 이렇게 말씀하십니다.

"너에게 중요한 것은 환경이 바뀌는 것이 아니다. 지금 내가 너와 함께하느냐, 하지 않느냐가 중요하다."

몇 년 전에 교통사고를 당한 적이 있습니다. 목과 허리를 다쳤습니다. 일주일 동안 병원에서 치료를 받고 퇴원하는데 의사가 저에게 말했습니다.

"목사님, 절대로 무리하지 마세요."

금요일 저녁, 기도회에 참석했습니다. 말씀이 끝나고 교인들이 앞에 나와서 안수 기도를 받는 순서가 있었습니다. 의사가 무리하지 말라고 했기 때문에 저는 부목사님들께 그 순서를 맡기고 앉아서 기도하였습니다. 그런데 성령님께서 저에게 계속 말씀하시는 것입니다

"교인들에게 안수해라."

의사가 이야기한 대로 제가 앉아 있어야 할까요, 성령님이 말씀하신 대로 기도해야 할까요? 허리 보호대와 목 보호대를 차고 안수를 했습니다. 굉장히 힘들었습니다. 그리고 돌아와서 잠을 자려고 침대에 누워 이런 생각을 했습니다. '주일에 설교할 때 간증할 수 있겠구나. 의사가 조심하라고 했지만, 성령님께서 말씀하신 대로 안수했더니 하나님께서 나를 깨끗하게 고쳐주셨다고 말할 수 있겠구나!'

그런데 그날 밤에 무지하게 아팠습니다. 그래서 하나님께 물었습니다.

"하나님, 이건 제가 생각한 스토리가 아니잖아요. 제가 하고 싶어서 한 것도 아니고 성령님께서 하라고 하셔서 했는데 고쳐주셔야 하지 않습니까?"

그때 성령님께서 말씀하셨습니다.

"내가 원하는 것은, 네가 교인들을 위해서 희생했기 때문에 낫는 것이 아니다. 네가 교인들을 위해 기도할 때 당하는 아픔을 알기를 원한다."

그때 깨달았습니다. 우리가 하나님의 일을 한다고 병이 낫고, 돈을 벌고, 편안하게 살 수 있다면 누가 그 일을 못하겠느냐는 것입니다. 때때로 하나

님은 우리가 하나님의 뜻대로 살아가기 때문에 느끼는 아픔을 알기를 원하십니다.

누군가가 이 민족을 위해서 헌신할 때 져야 하는 십자가가 있습니다. 하나님 앞에 부르심을 받았지만, 우리는 계속해서 문제를 경험합니다. 모세의 이야기를 봐도 알 수 있습니다. 이스라엘 백성들이 바로 앞에 나갔을 때 10가지 재앙을 만납니다. 그리고 드디어 출애굽했는데 또다시 홍해를 만납니다. 그러자 사람들이 모세를 죽이려고 합니다. 이번에는 모세가 홍해를 가릅니다. 그런데 홍해를 건넜다고 문제가 해결되었습니까? 아닙니다. 40년 동안 모세는 계속되는 문제 앞에 놓이게 됩니다. 그는 문제가 없는 사람이 아니라 하나님과 함께 문제를 이기는 사람이었을 뿐입니다.

■■ 약함을 강함으로 바꾸시다

모스크바에서 열리는 코스타(KOSTA)에 설교를 맡아 가게 되었습니다. 그곳에서 미국에서 온 어떤 목사님의 설교를 들었는데, 매우 인상적이었습니다. 그 목사님은 설교하려고 강단에 올라설 때부터 평범하지 않았습니다. 소아마비로 심하게 한쪽 발을 절고 있었기 때문입니다. 저는 서서 편안하게 설교하지만, 그 목사님은 설교하려면 무엇인가에 기대야만 했습니다.

목사님은 설교 중에 간증을 했습니다. 어려서부터 소아마비를 앓았는데 발을 저는 것 때문에 무시당하는 것이 싫었다고 합니다. 그래서 항상 모든 일에서 남들을 이기려고 했답니다. 공부도 잘하려고 했고, 다리를 절지만 싸워도 지지 않았답니다. 자신에게 장애가 있기 때문에 오히려 "절대 지지 않을 거야!"라고 생각했답니다.

그런데 어느 날 다니던 교회 목사님 아들과 싸움을 하게 되었습니다. 물론 싸움에서는 이겼습니다. 그런데 교회에서 혼이 났습니다. "나쁜 놈"이라는 말까지 들어야 했습니다. 교회에 실망한 목사님은 교회를 떠나고 말았습니다. 하나님까지 떠났습니다.

이후 미국으로 이민을 가게 되었고 거기에서 다시 하나님을 만났다고 합니다. 그때부터 목사님은 '나는 좋은 목사가 될 거야'라는 소망이 생겼다고 합니다. 그리고 신유집회를 전부 찾아다니면서 하나님께 기도했습니다.

"하나님, 저는 좋은 목사가 되고 싶어요. 좋은 설교가가 되고 싶어요. 제 소아마비를 고쳐주세요."

하지만 가는 곳마다 그렇게 기도했는데 하나님께서는 고쳐주시지 않았습니다. "하나님, 전 좋은 목사가 되려는데 왜 고쳐주시지 않으세요?" 하고 실망한 채 길을 가던 어느 날 밤, 조그만 게시판에 적혀 있는 '수요치유집회'라는 글씨를 발견하고는 그 교회를 찾아갔습니다. 30~40명 정도의 적은 인원이 모여 있었고, 어떤 백인 목사님이 설교하고 있었습니다.

"여러분, 믿음으로 기도하면 질병이 낫습니다. 믿으십니까?"

그때 그 목사님이 그 말씀에 상처를 받았습니다. '지금까지 내가 믿음이 없었다는 것인가? 나는 분명 믿고 기도했는데 하나님은 왜 내 병을 고쳐주지 않으시는가!'

설교가 귀에 들어오지 않았습니다. 한 사람 한 사람 나와서 목사님이 안수 기도를 해주었답니다. 안수 기도를 받으며 "목사님, 진짜 믿음으로 기도하면 제 병이 낫나요?"라고 물었습니다.

백인 목사님이 대답합니다.

"예스."

"정말 제가 믿음으로 기도하면 나을 수 있나요?"

"예스."

그러면서 백인 목사님이 그 목사님에게 물었습니다.

"사도 바울이 기도했을 때 하나님께서 고쳐주셨나요, 안 고쳐주셨나요?"

그리고 이어서 이렇게 이야기했습니다.

"사도 바울은 나았어요! 왠지 아십니까? 하나님께서 내 은혜가 네게 족하다고 말씀하셨을 때부터 사도 바울은 더 이상 자기의 병이 문제가 아니라는 것을 알았죠. 그리고 이렇게 고백했습니다. '내 약함이 강함이다.' 그 순간부터 사도 바울은 더 이상 자기가 가진 병은 병이 아니라고 생각했어요. 하나님은 사도 바울이 가진 병을 사용하셨습니다."

그때 그 목사님이 하나님 앞에 손을 들어 고백했다고 합니다.

'오! 하나님, 지금 제 소아마비가 나았습니다. 좋은 목사가 되는 데 소아마비가 더 이상 장애가 아님을 믿습니다.'

이제 그 목사님은 소아마비가 낫게 해달라고 기도하지 않습니다. 하나님은 그의 약함을 사용하기 시작하셨고 그는 멋진 목사가 되었을 뿐 아니라 멋진 설교가가 되었기 때문입니다. 더 이상 소아마비는 그에게 장애가 아니었습니다.

저는 하나님께 이렇게 고백합니다. "하나님, 저를 사용해주세요. 제가 하나님 앞에 소명자가 되길 원합니다. 이제 제 인생의 문제는 문제가 아님을 선포합니다." 하나님은 지금 저를 사용하고 계십니다. 그리고 앞으로도 저를 사용하실 것을 믿습니다.

새로운 패러다임은 내가 하고 싶은 것을 하는 것도,
지금까지 했던 것을 하는 것도 아닙니다.
하나님이 원하시는 것을 하는 것입니다.
목회자는 영적 흐름, 세상의 흐름, 즉 트렌드를 빨리 파악해야 합니다.

MANNA
METHODIST CHURCH

새로운 목회, 새로운 패러다임

■■ 교회 중심적인 교회인가, 하나님 중심적인 교회인가

세상이 참 많이 변했다는 것을 느낍니다. 제가 처음으로 목회하던 당시의 상황과 지금은 상상하는 것 이상으로 많이 달라졌다는 생각이 듭니다. '이런 현실에서 교회의 부흥을 어떻게 이룰 것인가'라는 고민에 대한 답을 쉽게 찾지 못하고 있습니다.

그러나 저는 이러한 고민에 대한 답으로 먼저 우리에게 필요한 것이 의사소통(Communication)이 아닐까 생각해보았습니다. 이것은 하나님과 나 사이는 물론, 목회자와 성도 사이, 우리가 만나는 모든 사람과의 관계에서도 중요합니다.

저는 일본을 자주 방문하는 편입니다. 일본에 갈 때마다 일본어를 공부해야겠다고 다짐하곤 합니다. 그런데 늘 옆에 통역을 잘하는 분이 있어서 그런지 일본어 실력이 늘지가 않습니다.

일본을 떠올리면 잊지 못하는 것이 하나 있습니다. 2009년 8월, 동경 만나교회에서 B.T.D.(만나영성훈련)를 했습니다. 만나교회에서 하는 영성훈련을 동경에서 처음 시작한 것입니다. 동경 만나교회에 파송한 김광현 선교사는 저의 제자로, 제가 하는 선교학 강의를 듣고 일본에 선교를 나간 것입니다.

그런데 선교를 나간 지 일 년 됐을 때, 저를 일본에 초청했습니다. 일본 목사님들에게 제 선교 강의를 꼭 해야 한다는 이유였습니다. 그래서 동경 지역에 있는 목사님들을 대상으로 강의를 했습니다. 2박 3일 강의하는 동안, 김광현 선교사가 저를 안내해줬습니다. 그가 얼마나 일본어를 유창하게 하는지, 어디를 가든 주저하지 않고 일본어로 말하는 것을 보고 저는 깜짝 놀랐습니다. 그런데 3일쯤 지났을 때 저는 새로운 사실을 알았습니다. 그는 일본어를 유창하게 하는데, 일본 사람들이 그 말을 못 알아듣는 것입니다. 그는 일본어를 열심히 했지만, 현지인들이 못 알아듣는 말을 했던 것이죠. 즉 커뮤니케이션이 안 된 겁니다. 커뮤니케이션이 안 되는 곳에서는 아무리 열심히 해도 역사가 일어나지 않습니다.

교회에서 목사님들이 하는 일을 목회(ministry)라고 합니다. 이 안에는 많은 관계가 있습니다. 하나님, 목사, 성도 사이에 커뮤니케이션이 잘될 때 목회가 됩니다. 우선은 교회에 사람이 모여야 합니다. 일본 목회자들이 가장 고민하는 것이 사람들이 모이지 않는 것이라고 합니다. 그러면 교회는 누구와 소통해야 할까요? 물론 하나님과 먼저 소통해야 합니다. 그러면 교회에는 믿는 사람이 와야 합니까, 믿지 않는 사람이 와야 합니까? 요즘 교회의 가장 큰 문제는 교회에서만 통하는 언어로 이야기하고, 교인들끼리만 무언가를 한다는 것입니다. 한마디로 교회 중심적입니다. 새로운 시대에 사는 우리는 교회 중심적인 생각이 아니라 '하나님께서 믿지 않는 자를 어떻게 생각하느냐'라는 것을 고민해야 합니다.

복음을 지금의 문화 가운데 어떻게 전할 것인가? 이것이 우리의 문제입니다. 만나교회를 예로 들어보겠습니다. 만나교회는 한국교회에서 가장 유명한 교회는 아니지만, 한 가지 모델은 분명히 보여줬다고 생각합니다.

제가 8년 전 만나교회 담임목사가 됐을 때, 주일 낮 장년 출석 인원이 2,390명이었습니다. 그리고 청소년을 포함한 어린이가 900명 정도였습니다. 얼마 전에 다시 한 번 출석 인원이 얼마나 되는지 체크해봤습니다. 장년이 6,780명, 청소년을 포함한 어린이가 1,700명 정도 됩니다. 8년 만에 일어난 일입니다. 그런데 저는 한 번도 전도를 해본 적이 없습니다. 설교 시간에 전도하라고 말한 적도 없습니다. 전도 행사를 한 적도 없습니다.

왜냐하면 전도하라고 해서 사람들을 데려오면 몇 달 있다 도로 빠져나가기 때문입니다. 우리가 억지로 사람을 데려올 수는 있습니다. 그런데 그 사람들이 계속 교회에 나와야 할 이유를 찾지 못하면 도로 빠져나간다는 것을 알았습니다. 그래서 제가 담임목사가 되었을 때 이런 꿈을 꾸었습니다. '우리는 전도하지 말고, 전도로 부흥하자.'

그래서 아주 독특한 교회가 되었습니다. 작년 한 해만 새신자가 2,000명이 들어왔습니다. 그리고 2,000명 중 정착하는 사람이 무려 90%입니다. 그러면 이런 의문이 생길 수 있습니다. '다른 교회에서 온 것이 아닐까?' 물론 있습니다. 하지만 30%는 완전히 처음 믿는 사람입니다.

그러면 분명히 이런 목회를 하게 된 이유가 있겠죠? 그것은 우리가 사는 시대가 포스트모던 시대이기 때문입니다. 목회자들은 모던 시대 교육을 받았는데, 이 땅의 젊은이들은 포스트모던 세대입니다. 그러면 목회를 할 때 모던적인 목회를 해야 할까요, 포스트모던적인 목회를 해야 할까요? 이것이 근본적인 질문입니다.

저는 젊은 목회를 하는 사람입니다. 지난해 우리 교회 교적을 조사해보니 30~40대가 75%여서 깜짝 놀랐습니다. 6년 동안 영아부실만 세 번을 늘렸습니다. 이렇게 아이들이 많은 이유가 뭘까요? 아이들이나 젊은이들이 오고 싶어 하는 곳이기 때문입니다. 그러면 나이 드신 분들이 기분 나빠할까요? 아닙니다. 그분들은 자신들의 자녀가 교회에 잘 정착하는 것이 기쁩니다. 믿음의 유산은 우리의 자녀에게 이어져야 하니까요.

그런데 대부분의 교회는 굉장히 어른 중심적이고, 힘을 가진 사람 중심으로 운영됩니다. 그래서 교회에 젊은이들이 많으면 좋겠다고 말하지만, 교회에 들어온 젊은이들은 힘들어합니다. 제가 이야기하는 새로운 시대, 새로운 패러다임이 무엇인지 이해가 됩니까?

포스트모던 시대에 사는 젊은이들은 자기가 하고 싶은 대로 합니다. 시킨다고 하는 것이 아니라 자율적입니다. 요즘처럼 한국에서 목회하기 힘든 때가 없습니다. 아무리 교육해도 말을 잘 듣지 않습니다. 자기가 하고 싶을 때에만 말을 듣는 것이 포스트모던 시대의 현실입니다.

저는 교복세대였습니다. 선생님이 말하면 다 들어야 하는 줄 알았고, 때리면 맞아야 하는 줄 알았습니다. 그런데 요새 아이들은 아니라고 생각하면 반항합니다. 또한 교회라는 단체는 어떤 구속력도 없습니다. 그러니 사람들이 믿음이 생기기 전에는 교회에 가야 할 이유가 없으면 안 갑니다. 따라서 교회는 사람들이 올 만한 이유를 만들어야 한다는 숙제를 안고 있습니다.

K교회는 그 지역에서 복지로 가장 유명한 교회입니다. 좋은 이미지 덕분에 아주 빨리 성장했습니다. 사람들이 그 교회를 보면 '아, 좋구나!' 하고 느낀다는 것입니다. 여러분의 교회는 비신자가 볼 때 '아, 좋구나!' 하고 말할 수 있는 교회입니까? 그렇지 않으면 오지 않습니다. 다른 표현을 쓰자면 브랜드 파워(Brand Power)가 있어야 한다는 것입니다.

몇 년 전 교회를 리모델링할 때, 교회에 흡연실을 만들었습니다. 이것이 한국교회에서 많은 논쟁이 됐습니다. 어느 날 젊은 부부를 심방했는데, 부인이 이야기하기를 남편이 아이와 자기를 교회에 데려다주고 예배를 안 드린다는 것입니다. 남편의 이야기인즉슨 예배 드리는 동안 담배 피우는 것을 참기 힘들고, 자기에게서 담배 냄새가 날까 봐 신경 쓰인다고 했습니다. 그래서 예배를 못 드리겠다는 이야기를 들으면서 '저런 사람들을 위해 예배하면서 담배 필 수 있는 공간이 있으면 좋겠다'라고 생각했습니다. 그런데 기도하고 예배하는 사람이 담배 피우면 됩니까, 안 됩니까? 안 되겠죠. 그러면 담배 피우는 사람이 교회 와서 기도하는 건 어떻습니까? 이것이 패러다임 시프트입니다. 생각을 바꿔보십시오.

그래서 제가 그 부부를 심방할 때 이런 이야기를 했습니다. 우리 교회에 아직 믿음이 없는 남자들, 담배를 못 끊은 사람들도 예배할 수 있는 공간이 있으면 좋겠다고 말입니다. 그러자 그 남자 집사가 하는 말이 "목사님, 그것이 제가 꿈꾸던 교회입니다"라는 것이었습니다. 그래서 자기 돈을 내서 흡연실을 만든 것입니다. 그런데 담배를 피우면서 예배 중계를 보니까 다른 사람들이 문제를 삼았습니다. 그러면 제가 담배를 피우라고 흡연실을 만들었을까요, 끊으라고 만들었을까요? 끊으라고 만들었습니다.

교회가 교회 중심적인 생각을 하면 담배 피우는 사람이 같이 예배하는 게 싫습니다. 냄새 나니까요. 그런데 교회가 하나님 중심적인 생각을 하면 '하나님은 담배 피우는 사람도 사랑하시는구나!' 하는 생각을 하게 됩니다. 그래서 담배 피우는 사람에게도 교회 올 수 있는 기회가 생기는 것입니다. 이것은 성경에 있는 말입니다. 예수님은 성전에서 말씀을 전하지 않으시고 성전 밖으로 나가서 예수 믿지 않는 사람을 찾아가셨습니다.

■■ 복음을 전하는 문화를 바꾸라

포스트모던 시대에 교회 공동체가 어떻게 바뀌어야 합니까? 지금까지의 방식을 고수할 것이냐, 아니면 포스트모던 시대를 사는 사람들을 위해 교회 공동체가 변할 것이냐? 그러나 오해하지 마십시오. 복음이 변하는 것이 아니라 복음을 전하는 문화를 바꾸자는 것입니다. 만나교회 교인들이 가장 자랑하는 것이 있습니다. '파구스'라는 이름의 카페입니다. 저희 교회에서 제일 넓고 좋은 공간을 카페로 만들었습니다. 커피 값은 다른 곳의 절반도 안 됩니다. 여기에는 예수 안 믿는 사람들이 더 긇이 옵니다. 그래서 카페 입구를 교회를 통과하지 않고 오도록 바깥으로 연결했습니다. 찬송가를 틀지 말고, 십자가도 걸지 말라는 두 가지 금지사항도 뒀습니다. 제가 타락한 목사라 그랬을까요? 예수 믿지 않는 사람들이 교회로 발걸음을 돌리게 하려고 했기 때문입니다. 그래서 만나교회에는 비신자가 편안하게 들어옵니다.

저희 교회에 아이들이 많은 이유를 설명하겠습니다. 리모델링을 하기 전, 총 9층 중에서 1층에 식당과 웨딩홀이 있었습니다. 2~3층은 본당, 5~8층에는 아이들 교육 공간이 있었습니다. 아이들이 예배 드리기 위해 엘리베이터를 타면 어른들이 시끄럽다고 불평을 합니다. 그래서 제가 리모델링할 때 이런 말을 했습니다.

"장로님들, 얼마나 못됐는지 아세요? 좋은 공간은 어른들이 다 차지하고 아이들에게 시끄럽다고 이야기하면 아이들이 어떻게 교회에 옵니까?"

그래서 가장 좋은 공간을 아이들에게 주기로 결단했습니다. 그 결과 1층을 다 비우고 반은 비신자를 위해, 반은 아이들을 위해 나눴습니다. 그리고 교회 바로 앞에 교육관을 만들었습니다.

교회에서 아이들이 떠들면 "얌전히 해, 조용히 해!"라고 합니다. 하지만 떠드는 아이들은 정상적인 아이들이고, 조용한 아이들은 착한 아이들입니다. 착한 아이들은 소수고, 대다수는 정상적인 아이들입니다.

그런데 교회 안에서 대부분의 정상인을 비정상인으로 만든다는 사실을 아십니까? 그래서 저는 교역자들이 아이들에게 "얘들아, 교회 와서 놀아라. 교회 와서 떠들어라"라고 말하도록 교육합니다. 그래서 만나교회 교육관은 복도가 굉장히 넓습니다. 게다가 플레이스테이션도 설치했고, 아이들이 기다리며 놀 수 있게 했습니다.

리모델링 후 일 년 만에 아이들이 30% 늘었습니다. 단순히 아이들이 늘어난 게 중요할까요? 아닙니다. 아이들이 교회에 오지 않으면 어떻게 복음을 전할 수 있습니까?

사람들은 흔히 이렇게 말합니다.

"어떻게 복음을 그렇게 변질시키느냐?"

"교회의 전통을 지켜야 하는 것 아니냐?"

그러면 저는 이렇게 되묻습니다.

"교회에 오지 않는 사람들에게 어떻게 복음을 전할 것이냐?"

저는 사람들이 자연스럽게 교회에 들어올 수 있는 환경을 만드는 것이 중요하다고 생각합니다. 포스트모던 시대에 길거리에서 "예수 천당, 불신 지옥!"이라고 외치는 것은 안 통한다는 이야기입니다. 사람들의 마음을 얻어야 합니다. 이것이 우리에게 주어진 숙제가 아닐까요?

만나교회는 주변에서 이미지가 좋은 교회에 속합니다. 교인들도 교회에 대한 만족도가 높습니다. 그리고 담임목사를 굉장히 좋아합니다. 이유가 있습니다. 저는 완전하지 않지만, 교인들이 원하는 목회자가 되기 위해 부단히 노력하기 때문입니다. 처음 담임목사가 되고, 설문 조사를 했습니다. "여러분은 담임목사가 어떤 사람이면 좋겠습니까?" 이 질문에 나온 대답에 맞춰가려고 노력합니다. 이왕이면 교인들이 교회를 좋아하고, 목사를 좋아할 수 있는 환경을 만들려고 합니다. 포스트모던 시대에 절대 권위는 존재하지 않습니다. 강대상에서 이야기한다고 권위가 생기는 것이 아니라 성도들이 인정해줘야 권위가 생기는 것입니다.

이 부분을 목회에 적용하는 것이 필요합니다. 만나교회에서는 현재 5번 예배를 드리는데, 1~5부까지 예배 스타일이 모두 다릅니다. 수요예배는 여자들만 드립니다. 그래서 이름이 '행복한 여으(女友)'입니다. 수요일은 낮 예배만 드리는데 봉사부터 모든 부분을 여자들이 합니다.

포스트모던 시대에는 타깃이 분명해야 합니다. 금요일은 가족이 함께 기도하며 드리는 예배입니다. 그리고 주일 1부는 치유가 있는 예전 중심의 예배, 2부는 현대 예배, 3부는 새로운 예배가 부담스러운 장년층을 위한 예배, 4부는 젊은이들을 위한 열린 예배, 5부는 주일 성수를 위한 영상 예배로 드려집니다.

이것은 전략적인 것이 아니라 복음의 본질입니다. 바울은 회심한 후 이렇게 말했습니다.

"나는 한 사람이라도 더 얻기 위해서 할례자에게는 할례자처럼, 무할례자에게는 무할례자처럼, 자유인에게는 자유인처럼, 노예에게는 종처럼 되었다."

사도 바울이 이렇게 말한 이유가 무엇일까요? 한 사람이라도 더 복음을 듣기를 원했기 때문입니다.

■■ 새로운 패러다임

새로운 패러다임은 내가 하고 싶은 것을 하는 것도, 지금까지 했던 것을 하는 것도 아닙니다. 하나님이 원하시는 것을 하는 것입니다. 목회자는 영적 흐름, 세상의 흐름, 즉 트렌드를 빨리 파악해야 합니다.

한국교회는 1970년대는 부흥회, 1980년대는 설교, 1990년대는 찬양, 2000년대는 예배를 특히 중시했습니다. 2010년 이후에는 다음 세대를 위하는 교회가 성장할 것이라고 예측합니다. 사람들의 관심이 그쪽으로 쏠리고 있기 때문입니다. 그런데 교회는 세상의 변화와 사람들의 새로운 관심을 파악하지 못하고 옛것만 고수하니, 사람들이 와서 조는 것입니다.

릭 워렌 목사가 이런 이야기를 했습니다. "이렇게 위대한 하나님 말씀을 가지고 예배 시간에 졸게 만드는 것은 기적이다." 요즘 교회에 이런 기적이 많이 일어납니다. 반성해야 합니다. 예배 시간에 누군가 존다면, 하나님 말씀을 들으며 지루해한다면, 어떻게 복음의 역사가 일어나겠습니까? 저는 설교를 하다가도 조는 사람이 많으면 빨리 끝냅니다. 책임이 저에게 있다고 느끼기 때문입니다. 하나님 말씀을 전하는 자라면 얼마나 최선을 다해 말씀이 살아 있도록 해야 하는지 교역자들에게 자주 강조하며 "예배에 목숨 걸어라" 하고 말합니다.

사람들이 교회에 올 때 얼마나 힘들게 오는지 아십니까? 만약 일주일 동안 세상에서 힘들게 일하고 주일에 교회를 찾아오는 사람들이 공허하게 돌아간다면 그 책임은 교역자들에게 있습니다. 그래서 저는 어떻게 하면 예배 시간에 영적인 역동이 일어날까 많이 고민합니다.

만나교회에서는 한 달에 한 번 새가족 애찬을 합니다. 이 시간에는 사람들이 왜 만나교회에 왔는지 이야기합니다. 그중에 이런 이야기를 많이 들었습니다. 여러 교회를 다녀봤는데 예배 시간에 안 졸기는 처음이라는 것입니다. 물론 저희 교회 왔다가 다른 교회로 가는 사람도 분명히 있습니다. 하지만 사람들이 만나교회에 오는 데는 분명한 이유가 있습니다. 예배가 재미있습니다. 예배 준비에 많은 노력이 들어갑니다. 하다못해 저는 예배 시간에 강단에 설 때도 굉장히 신경을 씁니다. 화장도 합니다. 눈썹을 그리고, 입술을 바르고, 예배가 방송으로 나가는데 머리가 번쩍거리지 않게 분도 바르고, 가끔 안경도 새로운 것으로 바꿉니다. 이유는 단 하나, 집중하라는 것입니다. 이런 노력이 필요합니다.

레너드 스위트라는 미국의 유명한 미래신학자가 있습니다. 그는 지금 우리가 사는 시대가 퍼펙트 스톰(Perfect Storm)이 지나가는 시대라고 합니다. 이 시대를 따라가는 것이 얼마나 어려운지 모릅니다. 아이폰을 만든 스티브 잡스가 이런 말을 했습니다. "현대인은 딱 두 종류로 나눠진다. 아이폰을 쓰는 사람과 아이폰을 쓰지 않는 사람." 아이폰을 쓰면 엄청나게 많은 정보가 그 안에 있습니다. 이미 미국에는 아이폰을 통해 설교가 서비스되고 있습니다. 교적도 아이폰으로 확인할 수 있게 웹교적이 생겼습니다. 이렇게 퍼펙트 스톰이 몰아치고 있습니다.

이런 시대에 퍼펙트 스톰을 피해 갈 것이냐, 뚫고 갈 것이냐? 레너드 스위트는 '카우(Cow)'와 '버팔로(Buffalo)'라는 두 가지 소 이야기를 합니다. 카우는 퍼펙트 스톰이 오면 도망갑니다. 버팔로는 퍼펙트 스톰이 오면 폭풍 가운데로 달려갑니다. 퍼펙트 스톰이 지나간 뒤에 보면 카우는 절반 정도 죽습니다. 그런데 버팔로는 거의 다 삽니다.

마찬가지로 이 땅의 교회들을 향해 도전합니다. 시대의 흐름을 피해가는 교회는 죽습니다. 시대를 뚫고 가야 합니다. 제가 좋아하는 말 중의 하나가 '탁월함'입니다. 한국 사람에게 적용되는 말입니다. 50~60년 전 그 옛날, 교회에 가면 세상에 없는 것이 있었습니다. 교회에 가야 피아노 한번 쳐보고, 탁구도 쳤습니다. 옛날에는 남녀가 구분이 되어 있었는데 교회에 가면 이성 친구도 만날 수 있었습니다.

그런데 지금 젊은 세대가 교회에서 얻는 것이 많습니까, 교회 밖에서 얻는 것이 많습니까? 교회가 탁월함을 회복하지 못하면 절대 사람들이 교회 안으로 들어오지 않습니다. 그래서 교회의 탁월함이 중요합니다. 탁월함은 단순히 사회적 지위나 특별한 능력만을 이야기하는 것이 아닙니다. 그러면 어떻게 해야 탁월함을 회복할 수 있을까요?

■■ 교회에도 혼, 창, 통이 필요하다

'혼(魂), 창(創), 통(通)' 이 세 단어는 올해 초 한국에서 나온, 미래를 지배하리라고 예측한 경영 키워드입니다. 왜 교회 이야기를 하면서 경영을 이야기하는지 혹시 거부감이 생길 수도 있습니다.

그런데 21세기를 지배하는 경영과 리더십이라는 용어가 성경에서 나왔다는 것을 알고 있습니까? 우리는 경영과 리더십을 이야기하면 세속적이라고 생각합니다. 하지만 사실은 성경의 용어를 세상에 빼앗긴 것입니다. 다시 이것을 교회 안으로 찾아와야 합니다.

스타벅스의 회장인 하워드 슐츠가 굉장히 멋진 말을 했습니다. "나는 커피를 팔지 않습니다. 커피를 전파합니다(I do not sell coffee. I do evangelize coffee)." 여기서 말하는 'evangelize'는 성경의 용어입니다. 기업도 자신의 상품을 복음화하려고 하는데, 우리가 전하는 복음에 대한 확신과 경영 원칙이 있습니까? 교회가 세상을 앞서가기 위해서 경영의 키워드인 '혼, 창, 통'을 품어야 합니다. 우리가 세상을 이기려면, 우리의 탁월함이 이것으로 드러나야 한다고 생각합니다.

먼저 '혼'에 대해 말해봅시다. 이전에는 물건을 팔 때 "이 물건 좋습니다"라고 말하며 팔았고, 시간이 좀 더 흐르자 "이 물건 쓰면 배용준처럼 됩니다"라면서 팔았습니다. 이제는 물건을 팔 때 마음을 움직이고 감동을 주지 않으면 팔리지 않습니다. 요새 가장 많이 나오는 용어가 '녹색 경영'으로, "이 물건을 써야 지구가 살 수 있습니다"라고 하면서 물건을 파는 것입니다.

앞으로는 환경을 생각하는 자동차만 나올 것입니다. 이제 그저 좋다는 것으로는 사람이 움직이지 않습니다. 마음과 감동 없이는 안 됩니다. 교회 안에서 말씀을 듣고 마음이 움직여지고 눈물이 흐르고 삶을 결단할 수 있는 일이 일어나지 않으면 예배는 공허해지고, 사람들은 교회에 오지 않습니다.

그럼 어떻게 사람들의 혼을 움직일까요? 예를 하나 들어보겠습니다. 저는 목회하면서 교인들이 따라오지 않는 것은 잘 안 합니다. 이상하게 생각하실 수도 있겠지만, 죽은 말에서는 빨리 내리는 것이 좋습니다. 안 되는 것을 붙들면 피곤합니다.

저는 분당에 사는데, 분당 사람들의 생활 패턴이 있습니다. 대개 서울로 출근하고, 퇴근하면 보통 8~9시입니다. 주부들이 남편에게 밥을 해주면 저녁에 모이는 건 어렵습니다. 그래서 분당 패턴에 맞춰서 교회 프로그램을 바꾸자고 결정했고, 예배 패턴을 바꿨습니다.

요새 새벽예배 운동이 많이 일어나는데, 만나교회에는 변화산 특별새벽기도회가 있습니다. 출석 교인이 장년 6,700명 정도 되는데, 특별새벽기도회 기간에 하루 최다 출석자가 3,500명 정도 됩니다. 새벽 4시 10~20분 사이에 3,500명이 교회로 몰려드는 것을 상상해보십시오. 사람들이 그 광경을 보고 감동받습니다. 새벽예배를 1시간 20분 드리는데도 사람들이 모입니다. 참 신기합니다. 매일 대구에서 KTX를 타고 새벽예배를 나오는 사람도 있습니다. 그래서 예배가 감동적일 수밖에 없습니다.

첫날에는 어린이들을 위해 안수합니다. "어린이들 다 나와라" 하면 새벽 4시 40분쯤에 아이들이 몇이나 나올까요? 천 명이 넘게 나옵니다. 아이들이 쫙 나오는 것을 보면 눈물이 쏟아집니다. 물론 동기가 있습니다. 하루도 안 빠지면 코인을 주는데, 이 코인 네 개를 모으면 저와 저녁식사를 같이 할 수 있습니다. 아이들의 꿈이 저와 밥 먹는 겁니다. 그런데 그 아이들이 처음에는 코인을 모으러 나왔다가 "왠지 눈물이 나요. 하나님께서 감사하게 하셨어요"라는 기도제목을 올립니다. 아이들이 평생 새벽예배의 경험을 갖고 산다면 그들의 삶이 얼마나 변화되겠습니까?

저희 교회는 아이들을 위해 기도하는 부모보다 부모를 위해 기도하는 아이들이 더 많습니다. 아이들 기도제목이 모두 엄마, 아빠 걱정입니다. 놀랍지 않습니까? 이유는 단 한 가지, 마음이 움직인 것입니다. 마음이 움직이면 무엇이든 합니다. 앞으로의 세대는 마음을 움직이는 혼(魂)이 필요합니다.

'창'은 물어보라는 것입니다. '왜 안 되지?' 하고 생각해보면 답이 나오기 시작합니다. 예를 들어보겠습니다. 일본 게임 중에 유명한 것이 닌텐도입니다. 그런데 한때 위기에 빠졌던 닌텐도가 생각을 바꿨습니다. 노는 것만 만들어서는 안 되니까 '놀이를 통해서 공부할 수 없을까?'라고 고민하며 공부하는 프로그램을 만들었습니다.

스웨덴의 레고라는 장난감 회사가 있습니다. 비디오게임 때문에 아이들이 레고를 갖고 놀지 않아 회사가 위기에 빠졌을 때 다른 생각을 하기 시작했습니다. "왜 장난감은 아이들만 갖고 놀지? 그래, 어른들을 위한 것을 만들자!" 하며 돌파구를 찾았습니다.

스티브 잡스 이야기를 하나 더 하겠습니다. 스티브 잡스가 한 말 중 가장 유명한 것이 "Think Different!"입니다. 끊임없이 다르게 생각하라는 것입니다. 애플의 아이팟 TV 광고를 봤습니다. 스티브 잡스는 항상 청바지를 입고 나와서 신제품 발표를 하는데, 처음 아이팟이 나왔을 때 청바지의 작은 주머니(주머니 속 동전 주머니)를 가리키며 물었습니다. "이게 뭔지 아세요?"

사람들이 "동전 주머니"라고 대답하자 스티브 잡스가 아니라고 하면서 그 속에서 아이팟을 꺼냈습니다. 그리고 그는 이어폰을 흰색으로 만들었습니다. 그때까지 이어폰은 모두 검정색이었습니다. 안 보여야 한다고 생각했기 때문입니다. 그런데 지금 뉴요커의 상징은 아이팟을 들으며 하얀 이어폰을 낀 사람이 되었습니다. 그의 다른 생각 하나가 미국과 세계의 문화를 모두 바꾼 것입니다.

저는 교회가 지역 사회의 문화를 바꿀 수 있다고 생각합니다. '우리 교회가 이 지역사회를 위해 무엇을 할 수 있을까?', '하나님이 우리에게 주신 사명이 무엇일까?', '이 사람들의 마음을 움직일 수 있는 것이 무엇일까?' 하고 끊임없이 물어보십시오.

'통'은 커뮤니케이션 문제입니다. 소통이 일어나야 합니다. 앞에서 포스트모던 시대에는 권위가 통하지 않는다고 했습니다. 교인들과 목회자 사이에, 교회와 교회 밖 사람 사이에 소통이 일어나야 합니다. 그런데 세상 사람들이 교회 다니는 사람들에 대해 "말이 안 통하는 사람들"이라고 이야기합니다. 그러면 안 된다고 생각합니다. 그들을 설득하고 교회로 데려올 수 있는 능력과 이유가 있어야 합니다. 소통하려면 노력이 필요합니다. 예를 들면 저는 목회할 때 분당의 예수 믿지 않는 사람들을 대상으로 설문 조사를 했습니다. "당신들이 만약 교회를 다닌다면, 어떤 교회가 좋겠습니까?"

그 결과에 따라 지난 6년간 브랜드파워를 만들어왔습니다. 분당에서는 교회가 무엇보다 어려운 사람을 돕는 곳이 되면 좋겠다는 의견이 많았습니다. 그래서 지역 내에서 도와달라는 곳이 있으면 도우려고 했습니다. 기독교 기관뿐 아니라 불교에서 운영하는 복지관까지 도왔습니다. 크리스마스

때마다 복지관 스님이 꽃을 보냅니다. 그 사람도 하나님의 잠재적 자녀라는 것을 믿습니다. 교회 입장이 아니라 하나님의 눈으로 세상을 보아야 합니다. 그러면 교회가 할 일의 범위가 넓어집니다.

교회에 젊은이가 없다고 불평하지 마십시오. 젊은이가 없는 이유를 묻고, 왜 젊은이들에게 감동을 주지 못하는지를 생각하고, 젊은이들과 통할 수 있는 것은 무엇인지를 고민하십시오.

수년 전 《예수 믿지 않는 사람들의 눈에 비친 교회》라는 책을 쓴 적이 있습니다. 선교학을 공부하면서 '교회가 너무 교회 중심적이다. 이제 교회를 유지하기에도 너무나 벅찬 일이 많아지고, 교인들을 관리하는 것만으로도 사역이 충분해졌다. 그래서 이제는 예수 믿지 않는 사람들의 마음을 이해할 시간도 없어지고, 여유도 없어졌다'라는 생각을 하게 되었습니다.

포스코의 정준양 회장은 소통에 대하여 "내 생각을 다른 사람에게 논리적으로 설득하기보다 남의 생각을 어떻게 하면 잘 이해하고 받아들일 것인가를 생각하고 실천하는 것"이라는 정의를 내렸습니다. '복음을 전한다는 것'을 위대한 하나님의 말씀으로 세상 사람과 소통하는 것, 그들로 하여금 위대한 복음을 받아들이게 하는 것이라고 생각해보면 어떨까요?

교회가 나아가야 할 방향이 복음을 들고 세상과 소통하는 것이라면 방향의 전환이 반드시 필요합니다. '내'가 아닌 '상대'에게 초점을 맞추어야 합니다. 상대방을 이해하려고 노력해야 합니다. 만약 세상을 이해하지도, 소통하려고 하지도 않는 교회가 있다면 그 교회는 이미 영향력을 상실한 교회일 수밖에 없습니다.

우리는 다른 사람들이 이해할 수 없는 일,
때때로 나 자신도 이해할 수 없는 일을 해야 할 때가 있습니다.
하나님은 우리를 향해 놀라운 계획을 품고 계십니다.
우리를 창조하시고 보시기에 좋았더라고
미소를 지으셨던 하나님의 기쁨을 찾아드립시다.

MANNA
METHODIST CHURCH

이 땅에 소망이 되는 교회

■■ 모이는 교회에서 흩어지는 교회로

1981년에 개척된 만나교회는 아직은 젊은 혈기가 넘치는 청년교회입니다. 선친인 김우영 목사님께서 잠실 벌판에 천막 건물을 세우고 창립예배를 드렸던 기억이 아직도 생생합니다. 당시 중견교회에서 안정되게 목회하시던 아버지가 개척을 결심한 것은 또 하나의 교회가 아닌, 하나님의 소명에 반응하여 '성장하며 일하는 교회' 모델을 세우고 싶으셨기 때문이었습니다.

1970~1980년대에는 양적 성장 위주로 치우치는 대형교회와 교회의 사회 참여를 주장하는 교회로 양분되는 경향이 있었는데 이 두 가지 사명을 함께 감당하는 교회를 꿈꾸며 '오라 내가 쉬게 하리라, 가라 내가 함께하리라!'라는 표어를 정했습니다. 그리고 상가 건물에서 단독 건물로, 이후 분당

종교 부지에 지금의 만나교회를 짓고 이전하면서 '모이는 교회에서 흩어지는 교회'로의 사명을 꾸준히 감당해오고 있습니다.

제가 담임목사가 되고 나서 가장 먼저 한 일은 목회 비전을 새롭게 세운 것입니다. 그러면서 '교회가 이 땅의 소망입니다!'라는 슬로건을 정하게 되었는데, 이 슬로건은 만나교회의 명칭과도 밀접한 관련이 있습니다.

광야 생활을 하던 이스라엘 백성에게 만나는 단순한 먹을거리 이상의 의미가 있었습니다. 그들에게 만나는 '소망'이었습니다. 이스라엘 백성에게 소망이었던 만나를 교회 명칭으로 삼은 만나교회야말로 분당 지역에서, 더 나아가 주님이 계시는 어느 곳에서도 소망이 되어야 한다는 생각에 '교회가 이 땅의 소망입니다!'라는 슬로건을 정한 것입니다.

그리고 이 슬로건을 구체적으로 이뤄가기 위해 "하나님의 임재를 경험한 예배자들이 예수님의 말씀으로 훈련된 제자가 되어 성령의 능력으로 지역과 세상을 섬긴다"라는 사명 선언문(Mission Statement)을 선포하게 되었습니다. '삼위일체 하나님의 임재와 말씀과 능력이 살아 있는 교회, 예배와 훈련과 섬김이 있는 교회'야말로 이 땅의 소망이 되고자 하는 만나교회의 슬로건을 잘 담은 표현이라고 생각합니다.

또한 슬로건과 사명 선언문이 선언적으로 끝나는 것이 아니라 현실적으로 이루어지도록 7대 핵심가치(7 Core Values)를 정하고, 교회 사역 구조를 이 7대 사역에 맞추어 조정하는 작업에 들어갔습니다.

■■ 영적 감동이 있는 예배

첫 번째 핵심가치는 바로 영적 감동이 있는 예배(요 4:24)입니다. 만나교회는 예배가 중심이 되고 우선시되는 교회입니다. 만나교회의 사명 선언문과 7대 핵심가치에서 모두 '예배'를 그 첫째로 꼽을 만큼 예배에 중점을 두고 있습니다. 또한 만나교회의 여러 사역 중에서 예배가 가장 대외적으로 알려지다 보니 만나교회는 예배 중심 공동체, 더 극단적인 경우 예배에 모든 것을 거는 교회로 여겨지기도 합니다. 만나교회 예배가 그렇게 보일 수밖에 없는 이유와 특징에 대해 살펴보겠습니다.

담임 목회자로서 솔직히 전체 목회 중 70% 이상의 시간과 관심을 예배에 쏟고 있습니다. 이유는 예배가 다른 사역보다 더 중요하다기보다 다른 사역에 우선하기 때문입니다. 다시 한 번 만나교회 사명 선언문을 살펴보자면, "하나님의 임재를 경험한 예배자들이 예수님의 말씀으로 훈련된 제자가 되어 성령의 능력으로 지역과 세상을 섬긴다"라고 되어 있습니다. 즉, 예배를 통해 하나님의 임재를 경험해야 말씀으로 훈련도 받고, 성령의 능력을 받아 선교도 하고, 구제도 하기 때문입니다. 그래서 만나교회는 예배를 통해 성도들이 하나님의 임재를 경험하도록 목숨을 거는 것입니다.

앞에서도 잠깐 언급했지만, 만나교회에서는 주일예배가 총 다섯 번 드려집니다. 예배를 다섯 번으로 나누어 드리는 이유는 단순히 시간적, 공간적 분배가 아닙니다. 보다 정확하게 표현하자면 예배를 다섯 번 드리는 것이 아니라 다섯 종류의 예배를 드린다고 할 수 있습니다. 오전 8시에 드리는 1부 예배는 치유가 있는 예전 중심 예배입니다. 예배 집례자들이 가운을 입고 입례와 회개 고백, 용서의 말씀, 성찬을 중심으로 예배를 인도합니다. 예배 음악 역시 전자음악을 배제하고 오르간과 소규모 챔버, 찬양대로 구성되어 있으며, 매주 예배가 끝난 후에는 강단에 나와서 목회자들의 도움으로 기도하는 시간을 갖습니다.

10시에 드려지는 2부 예배는 현대 예배로서 밴드와 찬양단이 예배를 인도합니다. 교독문이나 회중 기도, 찬송가 대신 찬양과 말씀, 기도가 자유로운 형식으로 어우러진 예배입니다. 반면 12시에 드리는 3부 예배는 한국의 많은 교회가 드리는 보편적 형식의 예배로서 새로운 형식의 예배가 부담스러운 장년층들을 위한 예배입니다. 이어서 오후 2시 30분에 드리는 4부 예배는 젊은이들을 위한 열린 예배입니다. 주로 1, 2, 3부는 담임목사가 설교를 하고, 이 예배 때는 담임목사뿐만 아니라 젊은이들에게 도전을 줄 수 있는 외부 설교자들을 초빙하기도 합니다. 마지막으로 저녁 9시에 드리는 5부 예배는 주일 성수를 위한 영상 예배입니다. 개인 사정으로 주일 성수를 하지 못하는 교인들을 위해 영상 설교와 전통적인 예배 형식에 따라 예배를 드리고 있습니다.

다섯 가지의 예배를 드리기 위해 담임목사뿐만 아니라 교회 사역자들이 몇 배의 노력을 기울여야 함에도 다양한 예배를 고집하는 이유는 가능한 한 많은 사람이 예배를 통해 하나님의 임재하심을 경험하게 하기 위해서입니다. 조용하고 차분한 가운데 치유하심으로 임재하시는 하나님, 열정적인 예배를 통해 임하시는 하나님, 익숙한 예배 가운데 변함없이 거하시는 하나님, 젊은이들의 언어와 그들의 감각을 통해 변화시키는 하나님, 이런저런 문제로 주일을 지킬 수 없는 상황에서 나아온 사람들에게 동일한 은혜를 부어주시는 하나님 등 교인들의 상황과 성향은 다를지 모르지만, 각기 다르게 역사하시는 하나님을 만났으면 하는 바람에서 이러한 다양한 예배를 최선을 다해 준비하는 것입니다.

다양한 예배가 드려지긴 하지만, 만나교회 예배에는 다음과 같은 공통된 특징이 있습니다.

첫 번째 특징: 예배의 종합적 요소

만나교회 예배 참석 인원 대비 셀, 교육, 선교 등 타 사역 부서 활동 인원을 보면 약 30% 선으로 대부분의 성도가 예배 외에 다른 교회 활동을 하지 않습니다. 그래서 만나교회는 예배 안에 교회 사명과 핵심가치를 포괄하는 데 관심을 두었습니다. 예배 중간이나 직후에 중보기도를 하고, 성도들의 다양한 감사 사연을 소개하고, 크리스천 베이직 같은 교육 스타일의 설교를 시리즈로 하기도 합니다. 즉, 예배 안에 다시 중보기도와 나눔, 선교와 교육 등 핵심 사역이 들어 있다고 보면 됩니다.

두 번째 특징: 철저한 준비

저는 시리즈 설교를 하기 수개월 전에 이미 설교 주제와 설교문을 작성해서 예배 팀에 전달합니다. 예배 팀은 설교를 중심으로 수개월간 예배를 준비합니다. 예를 들어 2009년에 '내 인생의 핫 이슈'라는 주제로 설교를 준비했던 적이 있습니다. 저는 현대인들의 고민거리이자 관심거리인 출산, 양육, 결혼, 직업, 죽음의 다섯 가지 이슈를 성경적으로 재조명하고자 설교 주제를 정하고 설교문을 작성했습니다. 10~11월에 하게 될 설교였지만, 6월경 설교 본문이 예배 팀에 전달되었고 예배 팀은 즉시 브레인스토밍에 들어갔습니다. 그리고 교인들은 이 이슈에 대해 어떻게 생각하는지 설문조사를 실시했습니다.

또한 교회 내에 이 이슈들과 관련된 전문가, 즉 산부인과 의사나 교육학자 등을 찾아내서 실태를 조사하고 전문적인 의견을 들었습니다. 5주 동안 주보는 각각의 이슈를 다루는 신문으로 변신했고, 설문조사 결과 및 주제와 관련된 사례, 전문가들의 글로 채워졌습니다. 강단은 무대 미술 및 장치들을 전공했거나 그런 것에 관심 있는 교인들을 중심으로 이슈에 맞게 꾸미고, 이슈를 상징하는 심벌을 교회 로비 천장에 POP 형태로 매달아 설교 전부터 이슈에 대한 관심을 갖고 고민하도록 분위기를 조성했습니다. 또한 설교 전에 이슈에 따르는 문제 제기를 위해 연기자와 개그맨들을 중심으로 드라마 팀이 짜여 출산, 양육, 결혼 등과 관련한 시대상을 보여주기도 했습니다.

세 번째 특징: 예배의 탁월함

함께하는 사역자들이 힘들어하는 부분 중의 하나는 제가 예배의 탁월함을 지나칠 만큼 강조한다는 점입니다. 음향, 음악, 디자인, 조명 각 분야의 전문가들로 구성된 예배 팀은 예배가 마무리될 때까지 긴장을 놓칠 수 없습니다. 수개월 전부터 준비해온 예배지만, 리허설을 반복하고 혹시라도 실수가 있으면 질타를 받기도 합니다. 제가 이렇게까지 예배의 탁월함을 강조하는 이유는, 예배는 하나님께 드려지는 것이고 교인들은 예배를 통해 그 하나님의 임재하심을 경험해야 하기 때문입니다. 그래서 만나교회 예배는 하나님께 최상의 예배를 드리는 것은 물론이고, 세상의 볼거리를 마다하고 교회로 나온 교인들을 위하여 탁월함을 위한 노력을 쉬지 않을 것입니다.

네 번째 특징: 예배의 개방성

제가 선교학을 전공한 탓도 있겠지만, 만나교회의 예배는 동시대 사람들의 언어와 문화적 장르를 통해 복음을 효과적으로 전달할 수 있는가에 관심을 둡니다. 그래서 만나교회 예배에는 영상이나 드라마를 활용하는 설교는 물론 토론 설교나 3인 공동 설교도 등장합니다. 판소리로 예배를 드리기도 하고, 뮤지컬이 강단에 오르기도 합니다.

제가 담임목사가 된 후 예배를 통한 이런 다양한 시도를 보고 교회가 세속화되고 예배의 거룩함이 손상되는 것이 아닌가 우려하는 연세 지긋한 장로님들도 있었지만, 이제는 모든 교인이 선교적 마인드를 갖게 된 것인지, 포기를 하신 것인지 잘 따라주고 있습니다.

만나교회 예배는 오랫동안 익숙한 방식으로 예배를 드려온 신자들에게만 관심을 두는 것이 아닙니다. 교회에 처음 나온 사람들도 복음에 대한 호기심을 갖고 하나님을 경험할 수 있도록, 그들의 언어로 말을 걸어주자는 기본 정신이 바탕에 깔려 있습니다.

다섯 번째 특징: 예배의 연관성

목회자로서 가장 힘들지만 포기할 수 없는 부분은, '예배를 드리며 은혜 받은 교인들이 세상에 나아가 그 받은 은혜대로 사는가'입니다. 그래서 저는 단발성 영적 경험이나 이벤트로 끝나는 예배가 아니라 한 주 동안 세상에서 살아갈 힘과 변화할 수 있는 힘을 주는 예배를 추구합니다. 설교의 도입에서는 세상 속에서의 이슈를 제기하고, 마무리에서는 당장 결단하고 교회를 나가서 행동하도록 도전합니다. 그래서인지 만나교회의 예배는 사회 생활을 하는 남성들 사이에서 '졸지 않고 드릴 수 있는 예배'라는 평이 있고 실제 남성 교인이 다른 교회에 비해 많은 편입니다. 예배를 통해 변화된 사연을 소개하고 여러 가지 노력을 하지만, 이 부분은 앞으로도 더욱 고민해야 할 숙제라고 생각합니다.

■■ 무릎으로 드리는 중보기도

두 번째 핵심가치는 무릎으로 드리는 중보기도(요 14:26)입니다. 제가 만나교회에서 담임목사로 사역을 시작하면서 가장 부담스러웠던 것은 설교였습니다. 왜냐하면 만나교회는 개척 초기부터 김우영 목사님의 설교를 중심으로 사람들이 모였기 때문입니다. 그리고 설교 때문에 모인 사람들이라면, 얼마든지 설교 때문에 떠나갈 수 있었기에 심적 부담이 무척 컸습니다.

그리고 얼마의 시간이 흐르면서 제가 젊다는 이유로, 설교가 신선하다는 이유로 등록하는 교인들을 보면서 마음의 부담이 더욱 커져갔습니다. 왜냐하면 '신선하다'는 것은 매우 짧은 유통기한을 가지기도 하고, 신선도가 떨어지면 떠날 수도 있다는 것이기 때문입니다.

목사로서 '하나님의 사역'을 한다고 하지만, 사실은 인간적인 부담에서 헤어나오는 것이 결코 쉽지 않았습니다. 그리고 이 짐을 혼자 지고 가기에는 너무나 벅차다는 생각을 했습니다. 그러던 중 만나교회 강단을 새롭게 꾸미면서 이런 생각이 들었습니다. 위대한 사람 모세에게도 그를 돕는 아론과 훌이 있었는데, 저에게도 기도의 동역자들이 필요하다는 것이었습니다. 그래서 강단 옆에 아론과 훌 방을 만들고 예배를 드리는 중에 중보기도 대원들이 기도하도록 부탁했습니다. 그러면서 제 마음이 편안해지기 시작했습니다. 저는 기도의 능력을 믿는 사람이기에 오늘 강단의 능력은 저 방에서 기도하는 사람들의 책임이라는 생각이 들었기 때문입니다. 그리고 기도의 능력을 믿으면서 맡길 수 있는 담대함도 생겼습니다.

■■ 하나님의 사람을 세우는 교육

세 번째 핵심가치는 하나님의 사람을 세우는 교육(딤전 4:6)입니다. 2007년 한 해 만나교회에 가장 큰 변화가 있었다면 '교육의 질적 변화와 성장'이라고 말할 수 있습니다. 몇 해 전 제가 정기적으로 방문하는 미국 교회를 탐방하며 교계의 큰 흐름을 접하게 되었습니다. 10년 동안 계속돼오던 예배 중심의 교회 성장이 '차세대' 교육 목회로 바뀌고 있다는 점이었습니다.

우리가 잘 아는 유명한 윌로우크릭, 새들백, 뉴라이프 등의 교회 시설이 아이들 중심으로 급격하게 변해가고 있었습니다. 교회 담당자들을 통해 들은 이야기로는 많게는 교회 건물의 70% 정도를 차세대를 위한 공간에 할애하고 있다고 합니다.

사실 우리 교회의 1층을 교육관으로 꾸미게 된 배경도 거기에 있습니다. 그동안 교회들은 성인들을 위한 공간을 먼저 배치하고 나머지 공간을 아이들에게 주는 경향이 있었습니다. 본래 만나교회의 교육관도 4층 이상에 있었고, 늘 어른들은 예배 시간이 되면 엘리베이터가 붐비거나 시끄럽다는 불평을 하곤 했습니다. 그래서 처음에 찾았던 대안은 지하 2층에 아이들을 위한 공간을 마련한 것이었습니다. 그러나 여름이 되면 곰팡이가 피고 환기가 되지 않는 등의 문제가 생겼습니다.

그래서 교회를 새롭게 단장하면서 이런 생각을 했습니다. 우리 교회 어린이와 청소년을 위해 줄 수 있는 최고, 최선의 장소가 어디인가? 그래서 1층을 교육관 및 소망부(장애우) 예배실로 만들었고, 새로운 별관(공간 파구스)도 교육관으로 배치하게 된 것입니다. 그리고 감사하게도 교회를 새롭게 단장하고 난 후 탁월한 교육부 사역자들이 만나교회를 찾아왔고, 충실한 프로그램이 생겼으며, 성도들이 영적으로 성장하는 계기를 마련하게 되었습니다.

무엇보다 감동적이었던 것은 교사들의 노고를 치하하기 위해 2007년 겨울에 열린 '교사 어워드' 행사였습니다. 그날 저를 감동시켰던 것은 교사들을 위로하며 한없이 망가졌던 교역자들과, 꼭 다시 교사의 직분을 맡아달라고 큰절을 올리던 교육 팀장 목사였습니다.

그리고 교육부가 성장함과 더불어 많은 교회가 만나교회의 교육부를 배우기 위해 탐방하러 오고 있습니다. 또한 정말 감사한 것 중의 하나는 목회를 배우기 원하는 신학생들과 전도사들이 가장 봉사하기를 원하는 교회가 만나교회가 되었다는 사실입니다. 물론 자만해서는 안 되겠지만, 만나교회가 한국교회의 교육을 이끌어가는 좋은 모델이 되기를 꿈꿔봅니다.

■■ 건강하게 성장하는 셀

네 번째 핵심가치는 건강하게 성장하는 셀(고전 12:26, 27)입니다. 어떤 사람이 지하철을 타고 가다 한 정거장에 서게 되었습니다. 그런데 문이 닫히지 않았습니다. 5분여를 기다렸는데도 문이 닫히지 않자, 궁금했던 이 사람이 밖을 내다봤는데 그 순간 문이 닫혔고, 불행히도 독이 문에 끼고 말았습니다. 얼마나 아팠겠습니까? 그런데 이 사람이 "하하하!" 웃는 것입니다. 그 옆에 있던 사람이 도저히 궁금해서 견딜 수가 없었습니다.

"아니, 문에 목이 껴서 아플 텐데 뭐가 좋아서 웃습니까?"

"하하! 글쎄, 나 말고 한 사람이 더 문에 끼었어요!"

우리는 성숙하고 성장해야 한다는 것을 잘 압니다. 그런데 이러한 일이 개인적인 차원에서는 잘 이루어지지 않습니다. 그리고 함께할 때도 너무 큰 공동체 속에서는 친밀한 관계와 성숙의 훈련이 잘 이루어지지 않습니다. 셀은 바로 이 부분에서 우리에게 아주 중요한 유익을 줍니다.

만나교회는 분당으로 이사와서 급성장한 교회입니다. 그러다 보니, 새신자들만 오는 것이 아니라 다른 곳에서 신앙생활을 하던 분들도 한 식구가 되었습니다. 가끔 사람들이 이야기하는 것을 보면 "우리 교회에서는…"이라는 말을 자주 사용합니다. 전에 다니던 교회를 이르는 말입니다. 그리고 이전에 다니던 교회와 만나교회의 차이점 때문에 약간의 어려움을 겪기도 합니다. 그런데 이런 적응을 가장 빠르고 안전하게 할 수 있도록 도와주는 곳이 바로 '셀'입니다. 그곳에서 만나교회의 관습을 익히는 것입니다. 그렇기 때문에 함께 동일한 생활양식을 가진다는 것은 아주 중요한 일입니다.

만나교회의 셀 사역에 대한 이해를 돕도록 조금 더 설명을 해보겠습니다. 요즘 많은 교회가 셀로 전환을 합니다. 어떤 교회에서는 '목장', 어떤 교회에서는 '다락방', 어떤 교회에서는 '밴드'라는 이름으로 교인들이 건강하게 성장할 수 있도록 도움을 줍니다. 셀 교회가 된다는 것은 모든 교회의 구성원이 소그룹 중심의 작은 교회를 이룬다는 것입니다. 교회의 사역과 활동이 셀 단위로 움직인다는 것입니다.

만나교회는 처음부터 셀을 추구하며 모인 교회가 아닙니다. 즉, 셀로 교회 구조를 바꾸는 것이 목적이 아니라는 것입니다. 만나교회는 예배 중심의 교회입니다. 하나님을 예배하러 모인 사람들의 공동체가 되는 것이 기본입니다. 그럼에도 왜 셀을 강조하는가? 예배로 모인 공동체를 건강하게 성장시킬 수 있는 가장 효과적인 방법이 셀에 있다고 믿기 때문입니다.

그래서 만나교회는 '셀이 있는 교회'라고 정의할 수 있습니다. 즉, 예배의 공동체로 모인 사람들이 셀을 통하여 건강한 성장과 성숙을 이루는 교회, 이것이 만나교회가 추구하는 사역의 기본입니다.

■■ 행복을 주는 가정

다섯 번째 핵심가치는 행복을 주는 가정(딤전 3:5)입니다. 가정 사역은 하나님이 주신 배우자, 부모, 자녀, 아픔, 갈등, 상처, 문제 등 진짜 모습을 보기 위해 예수님 안에서 노력하는 것입니다. 우리의 보는 눈이 하나님 안에서 바뀌면 우리의 가정과 삶이 변화할 수밖에 없기 때문입니다.

하나님의 천지창조 이후에 아담이 가장 먼저 만나게 된 환경이 에덴동산입니다. 아담은 하나님의 섭리로 에덴동산에 있게 되었고, 에덴동산의 나무들을 통해서 풍성함을 누렸습니다. 에덴동산은 선택이 아니라 하나님께서 창조하신 이들이 모두, 가장 먼저 만나게 되는 공동체였습니다.

우리도 태어나면서 자연스럽게 만나게 되는 환경이 있습니다. 그것은 가정입니다. 우리는 각자 여러 가지 형태의 가정에 속하게 됩니다. 자신의 힘이 아닌 하나님의 섭리로 준비된 환경입니다. 에덴동산은 우리의 가정과 비교될 수 있기에, 에덴동산을 보면 가정의 진면모가 무엇인지 알 수 있습니다.

하나님께서 가정을 주셨습니다. 가정은 하나님이 자신을 위해 사람에게 맡겨놓으신 것이 아니라, 사람을 위해 몸소 만드신 선물입니다. 그러므로 우리가 가정을 통해서 기쁨을 누리기를, 앞으로 일어날 일을 기대하기를 원하십니다.

■■ 지역사회에 생명을 주는 나눔

여섯 번째 핵심가치는 지역사회에 생명을 주는 나눔(약 2:16)입니다.

레너드 스위트 교수는 교회를 '4M'으로 이야기합니다. 초대교회는 '선교하는 교회(Missional Church)'였다는 것입니다. 예수를 믿기에 당연히 선교하고 돕는 교회였습니다. 이들에게 따로 전도하고 돕는 일을 가르칠 이유가 없었습니다.

그런데 언제부터인가 이런 공동체에 모인 사람들을 '목회(Ministry)'하기 시작합니다. 그러자 교회 밖에 있는 사람보다 교회 안에 있는 사람들이 더 소중하게 됩니다. 이들을 위하여 어떻게 예배하며 어떤 프로그램을 준비할 것인지가 주관심입니다.

이렇게 교인들을 돌보다 보면 자연적으로 힘을 잃고 이제 현 상태를 '유지(Maintenance)'하는 교회가 됩니다. 그러다가 건물을 유지하는 것도 힘들어지면 헌금으로 교회를 수리하기에 급급합니다.

그렇게 시간이 조금 더 지나면 '박물관 같은 교회(Museum Church)'가 됩니다. 사람들이 크고 웅장한 건물을 구경하면서 이렇게 이야기합니다. "옛날에 이곳에 사람들이 꽉 찼었대."

선교와 나눔이 없는 교회, 선한 사람들이 사라진 교회, 누구에게도 헌신하지 않는 교회에는 하나님이 계시지 않는다는 사실을 아십니까? 사랑의 나눔이 있는 곳에 하나님께서 계십니다. 하나님이 계신 곳에서만 하나님의 역사가 일어납니다.

참 이상하지 않습니까? 그렇게 많이 일어났던 기적과 하나님의 역사가, 왜 우리의 삶에서는 일어나지 않는다고 생각합니까? 하나님의 역사가 끝나버렸을까요? 그렇지 않습니다. 우리가 사역하는 교회에 하나님이 계시지 않기 때문입니다.

지금 모잠비크 아이리스에는 하이디 선교사로 인한 놀라운 기적이 일어나고 있습니다. 10년 동안 7,000개의 교회가 세워지고, 80여 명의 죽은 사람이 살아났으며, 오병이어의 기적이 수차례 일어났습니다. 몇 년 전 홍수 때는 하루에 5만 명을 먹이는 일을 하기도 했습니다. 그곳을 방문해서 사역의 현장을 보고 놀라는 사람들이 무척 많습니다. 하이디 선교사가 이렇게 엄청난 사역을 한 배후에는 든든한 후원자나 돈이 있었기 때문이 아닙니다. 하이디 선교사와 남편이 모잠비크에 들어갈 때 가져갔던 것은 편도 항공권과 30달러가 전부였습니다. 그런데 그들을 사랑하는 마음을 통해 하나님께서 역사를 시작하신 것입니다.

하이디에게는 로베르토라는 양자가 있습니다. 많은 말썽을 부렸지만, 지금은 크리스천 사역자로 쓰임받는 사람입니다. 하루는 로베르토가 길을 가다 소경 된 아이와 어머니를 만나게 되었습니다. 피부병으로 고생하고 먹을 것도 없어 굶고 있는 그 두 사람을 만났을 때, 얼마나 불쌍한 마음이 들었던지 이렇게 기도했다고 합니다.

"하나님, 저는 이제까지 볼 만큼 보고 살았습니다. 아직 아무것도 보지 못한 그 아이와 제 눈을 바꿔주세요."

그때 하나님께서 이런 응답을 주셨답니다.

"사랑하는 아들아, 네가 줄 것은 아무것도 없다. 내가 이미 다 주었다."

그러고는 참으로 놀라운 일이 일어났습니다. 그 소경이었던 아이의 눈이 떠진 것입니다.

기적은 마냥 구하기 때문에 일어나는 일이 아니라 '하나님의 사랑을 구할 때' 일어납니다. 나누고 싶은 마음이 생길 때 하나님의 역사가 일어나는 것입니다.

■■ 열방을 가슴에 품는 선교

마지막 일곱 번째 핵심가치는 열방을 가슴에 품는 선교(행 1:8)입니다. 저는 '선교'를 이렇게 정의합니다. "선교는 하나님의 마음이요, 하나님의 소원이다!" 선교는 하나님의 마음으로 세상을 바라볼 때 시작됩니다. 나의 마음으로 세상을 보고, 나의 소원으로 세상을 보면 결코 할 수 없는 일이 선교입니다. 선교지에서 만나는 원주민들의 삶의 양식 속에 들어간다는 일이 얼마나 어려운 일입니까? 우리 입장에서는 비위생적으로 느껴지는 일들도 있고, 이것저것 불편하거나 적응하기 힘든 일들이 있을 수도 있습니다.

저도 선교학을 전공했고, 청년들과 함께 선교지에 다녀본 경험이 많습니다. 그 흔한 콜라 하나도 마음대로 사 먹을 수 없고, 인간의 가장 기본적인 욕구인 먹는 것과 배설하는 것을 마음대로 할 수 없는 상황에서 가장 먼저 떠오른 것은, 구한말 우리나라에 들어와 선교하며 평생을 함께한 미국과 호주, 캐나다의 선교사들이었습니다. 그들도 얼마나 견디기 힘들었을까? 그러나 그들이 하나님의 마음으로 이 땅 조선을 바라보지 않았다면 이 땅에 복음이 들어올 수 있었을까요? 온갖 멸시를 받고, 조롱을 받고, 생명의 위협을 당하는 그 순간을 어떻게 견뎌낼 수 있었을까요? 우리는 작은 모욕과 불이익도 참지 못하는데 말입니다.

목회에 실패하고 낙담하던 어떤 목사님이 하나님의 부르심을 받고 베트남 선교사로 나가게 되었습니다. 분명히 하나님이 소명을 주셨다고 생각했는데, 2년여 동안 열매가 없는 사역을 하면서 다시 실패를 경험합니다. 그리고 기도하며 생각해보니, 실패의 가장 큰 이유는 선교사인 자신이 그 땅의 백성을 사랑하지 않는 것이었습니다. 그래서 이렇게 기도했답니다.

"하나님! 선교를 접겠습니다. 아무리 생각해도 제가 베트남 사람들을 사랑하지 않는 것 같습니다."

그때 하나님께서 이렇게 말씀하시더랍니다.

"사랑하는 아들아! 네가 이곳에 있는 이유는 네가 그들을 사랑하거나 사랑하지 않기 때문이 아니다. 바로 내가 이 백성을 사랑하기 때문이란다!”

이때 목사님이 무릎을 꿇고 회개하기 시작했습니다. 늘 사역의 주체가 하나님이 아닌 자신이었던 것을 깨달았습니다. 그리고 자신의 사역이 하나님의 소원과 마음에 달려 있다는 것을 안 순간부터 선교와 사역이 달라지기 시작했다고 합니다.

사실 우리는 다른 사람들이 이해할 수 없는 일, 때때로 나 자신도 이해할 수 없는 일을 해야 할 때가 있습니다. 바로 우리나라와 이 민족 가운데도 억울하게 죽어가고, 이해할 수 없는 일을 한 사람들, 하나님의 마음이 아니고는 있을 수 없는 순종을 한 사람들 때문에 복음이 들어왔다는 것을 알아야 합니다. 테레사 수녀는 자신이 선교하는 목적, 사역하는 이유에 대해 “그 땅의 모든 백성이 행복하게 죽기를 바라기 때문이다”라고 말했습니다.

하나님은 우리를 향해 놀라운 계획을 품고 계십니다. 우리를 창조하시고 보시기에 좋았더라고 미소를 지으셨던 하나님의 기쁨을 찾아드립시다. 하나님의 마음은 이념과 종교, 인종을 초월합니다. 우리의 생각과 이기심도 초월합니다. 그래서 내 생각이 아닌 하나님의 생각대로 다른 사람을 바라보게 하십니다. 그런 하나님의 눈으로 세상을 바라보며 복음을 전해야겠습니다.

■■ 7대 핵심 가치에 맞춘 변화 시도

7대 핵심 가치에 맞추어 기존의 조직과 교회 건물에도 변화를 주었습니다. 조직의 경우 핵심 가치가 잘 드러나고 운영이 되도록 새롭게 배치했으며, 교회 건물은 2006년에 리모델링을 실시했습니다.

많은 교회가 사명 선언문은 선언문대로, 교회 조직은 조직대로, 공간 배치는 공간 배치대로 따로따로인 경우가 많은데 이렇게 되면 사명 선언문은 교회 한 벽면을 장식하는 장식품과 별다를 바 없습니다. 교회 전체가 그 사명을 향해 한마음으로 나아갈 때 그것이 교회가 이루어가는 사명이 될 수 있습니다.

다음 세대를 위한 교회를 지향하고, 지역을 섬기는 교회가 되기 위해 영유아, 어린이를 위한 예배실과 장애우들을 위한 예배실을 1층에 우선적으로 배치하고, 지역 주민들이 교회를 자유롭게 오갈 수 있도록 문을 상시 개방하고 지역 주민을 위한 카페 파구스를 오픈하였으며, 공간 파구스도 개방했습니다.

2010년, 만나교회는 새로운 목회 방향을 수립하여 진행해나가고 있습니다. '교회를 돕는 교회'로서의 모습을 세우는 작업이 바로 그것입니다. 단순히 물질과 기도로 후원하는 데 그치지 않고, 만나교회가 가진 목회 철학, 프로그램, 더 나아가 인적 자원까지 나누고 공유하는 사역을 하고 있습니다. 경기도 광주, 강원도 철원, 전북 익산, 미국 버지니아에 있는 네트워크 교회들, 그리고 MOU를 체결하고 만나교회의 시스템과 목회자를 파견해서 도왔던 수지 목양감리교회, 미국 LA지역의 나성한인감리교회, 이외에도 교회의 모든 자료를 오픈해서 공유하는 교회들이 늘어가고 있습니다.

아울러 2011년에는 교회 창립 30주년을 맞아 한국교회를 대상으로 콘퍼런스(conference)를 준비 중에 있습니다. 이러한 사역 모두 하나님이 원하시는 '이 땅의 소망이 되는 교회'를 만들고자 하는 노력의 산물입니다. 단순히 분당 지역의 만나교회만이 아니라 하나님의 이름으로 세워진 모든 교회가 그 지역의 소망이 되기를 바라기 때문입니다.

만나교회가 앞으로 어떻게 쓰임받고 변화될지는 단언할 수 없습니다. 그러나 그 어떤 노력이나 변화는 모두 사명 선언문을 이루기 위한 일환일 것입니다. 사명이란 변하지 않는 것이고 만나교회가 존재하는 이유이기 때문입니다.

만나교회는 새로운 시도, 다소 충격적일 만큼의 신선한 변화로도 알려진 교회입니다. 교회 내에 흡연실을 설치한 것도 그렇고, 여러 실험적인 예배가 드려지는 것도 그렇습니다. 그러나 이러한 변화와 시도들은 그때그때 즉흥적인 아이디어에서 착안한 것이 아니며, 이러한 변화들이 만나교회의 비전과 사명을 바꾸는 것이 아님을 밝히고 싶습니다. 그렇기에 만나교회의 비전과 사명을 소개하면서 이것이 저의 비전과 사명이 아닌, '만나교회'의 사명임을 밝히고 싶습니다.

카리스마를 갖춘 목회자 1세대로 이 비전과 사명이 끝나는 것이 아니라 지속적으로 세상에 남아 소망의 끈을 놓지 않는 교회가 되기 위해 '이 땅의 소망'이 되고자 하는 핵심을 보존할 것입니다. 그러면서 발전을 자극하며

수없이 많은 시도를 통해 그 비전을 실현하기 위한 모든 노력을 아끼지 않

을 것입니다.

어떤 교회가 진정한 교회일까요? 많은 일을 하여 교회의 이름을 드러내기보
하나님의 말씀을 좇아 옳은 일을 행하는 교회, 끊임없이 하나님의 마음을 이해
옳은 길을 가는 교회, 그래서 세상 사람들은 이해할 수 없는 엉뚱한 일을 하기도
늘 기대감이 있고 감사와 감격이 있는 공동체가 바로 진정한 교회 아닐?
사람의 상식으로 이해되고 모든 인간의 합리성을 만족시키는 교회가 아니라 우
이성과 상식을 뛰어넘지만 하나님의 마음에 맞는 일을 위해 움직일 수 있는 교
런 교회에서 쓰임받는다면 상상만 해도 가슴이 뛰지 않습니까?

소망이 되는 교회를 위한 7가지 지침

기본으로 돌아가라 | 삶을 명료하게 하라 | 삶의 방식을 바꾸라 |

하나님이 사랑하시는 사람을 사랑하라 | 하나님과의 관계를 회복하라 |

감동을 주는 크리스천의 삶을 살라 | 하나님 편에 서 있으라

교회의 의미는 "얼마나 열심히 일하느냐?"
혹은 "얼마나 사람이 많이 모이느냐?"에 있지 않습니다.
"진정으로 하나님이 원하시는 목적을 위해 사용되며,
교인들이 그 목적을 위해 헌신하느냐?"에 있습니다.

MANNA
METHODIST CHURCH

기본으로 돌아가라

■■ 구체적인 지침 세우기

만나교회는 '교회가 이 땅의 소망입니다'라는 슬로건을 두고 있습니다. 그런데 이 '소망'이라는 말이 너무 추상적이라는 생각을 하게 되었고, '이 말을 구체적으로 바꾸면 어떨까?'라는 생각을 하였습니다. 그러면서 앞으로 만나교회가 이 땅의 소망이 되는 교회가 되기 위해서는 구체적인 무언가를 제시해야 한다고 생각했습니다.

그래서 저는 7가지 지침을 만들고 그 지침에 따라 사역을 점검하면 좋겠다고 생각했습니다. 아울러 함께 사역하는 사역자뿐 아니라 평신도에게도 구체적인 지침을 통해 자신의 사역을 점검하도록 하면 좋겠다고 생각했습니다.

그러면서 접하게 된 책이 칩 히스와 댄 히스가 지은 《스틱》이라는 책입니다. '스틱'은 평생 기억에 남는 말, 사지 않고는 못 견디게 만드는 광고, 마음을 사로잡는 이미지 등 '어떤 메시지가 사람의 뇌리에 딱 꽂히는 현상'을 말합니다. 이 책의 저자인 칩 히스와 그의 동생 댄 히스는 10년 동안 스티커 메시지를 만드는 방법에 대해 연구했는데, 그 과정에서 효과적인 스티커 메시지의 6가지 원칙을 발견했습니다.

저는 이 6가지 원칙을 7가지 지침에 적용하여 막연한 것 같은 '소망'이라는 말을 구체적으로 바꿀 수 있었습니다. 앞으로 5~10장까지는 스티커 메시지의 6가지 원칙을 제가 만든 지침에 함께 적용하여 자연스럽게 기억하게 할 것입니다.

■■ 창조성과 지속성이 중요하다

그러면 우선 7가지 지침 중 첫 번째 지침을 살펴보겠습니다. 첫 번째 지침은 'Back to the Basic' 즉, '기본으로 돌아가자'는 것입니다.

만나교회에는 매주 토요일, 전 교역자와 직원이 함께 한 주간의 사역을 점검하고 나누는 '주간회의'가 있습니다. 그 시간은 사역을 나누는 동시에 만나교회가 앞으로 나아갈 비전을 함께 공유하는 시간입니다. 또한 사역자로서 가져야 할 자질과 태도에 대해, 리더로서의 역할과 책임 등에 대해 담임목사 직강으로 배우는 시간이기도 합니다. 한마디로 기본을 다지는 시간입니다.

저는 사역자들에게 '창조성'과 '지속성'을 늘 강조합니다. 이것이 사역의 기본이라고 생각하기 때문입니다.

먼저 '창조성'을 강조하는 이유는 사역의 대상이 계속 바뀌기 때문입니다. 복음의 본질은 변하지 않습니다. 그러나 복음을 전하는 방법이 이전과 동일하다면, 과연 그 복음이 잘 전해질 수 있을까요? 저는 변화를 많이 시도하는 사람입니다. 그것은 이 귀한 복음을 더 많은 사람에게 전하고 싶기 때문입니다. 복음을 포장하는 포장지를 시대의 흐름과 문화적인 코드에 맞춰 바꿔나갑니다. 그것이 지금 교회가 해야 할 일이라고 생각합니다.

만약 창조성을 강조하지 않는다면, 교회는 어떤 일을 할 때 그 일을 해야 하는 진짜 이유는 잊어버린 채 단순히 일만 반복하게 될 것입니다. 저는 특히 예배에서의 창조성을 강조합니다. 회중이 예배 가운데 들어올 수 있는 방법이 무엇인지 끊임없이 고민하며 가장 좋은 방법을 찾도록 사역자에게 도전합니다. 그리고 사역자들이 자신이 맡은 사역에서 무슨 일을 하든 그것이 창조적인 것이라면 얼마든지 수용합니다. 그러나 한 부서에만 이익이 돌아가지 않도록 '부서 이기주의'를 늘 주의합니다.

그다음으로 '지속성'을 강조합니다. 이것은 안 되는 일을 끝까지 하라는 말이 아닙니다. 한 프로그램이 정착하는 데 보통 2~3년 정도 걸리는데, 지속성을 지키지 못하는 두 가지 이유가 있습니다.

하나는 게으름 때문입니다. 제가 언젠가 읽었던 '게으름의 8단계'에 대한 글을 소개하겠습니다.

1단계: 희망을 잃지 않는다. "이번만큼은 일찍 시작해야지."

2단계: 긴장한다. "곧 시작해야 해."

3단계: 죄의식이 든다. "벌써 시작했어야 했는데…."

4단계: 그릇된 확신을 갖는다. "아직 시간이 있어."

5단계: 절망하기 시작한다. "나는 무엇이 문제일까?"

6단계: 심하게 고통을 느낀다. "이젠 더 이상 미룰 수 없어!"

7단계: 드디어 시작한다. "그냥 하는 거야."

8단계: 같은 일이 반복된다. "다음에는 더 일찍 시작해야지."

어떻습니까? 매번 우리가 하는 변명이 이 게으름의 8단계 중에 해당되지 않습니까? 배리 파버라는 사람은 "게으름은 교활한 적이다. 그것은 중독성이 있어서 모르는 사이에 끊기 어려운 습관이 된다. 그러나 '오늘'이라는 단어를 잘 보이는 곳에 붙여놓으면, 게으름에서 비롯되는 이 파멸적인 습관을 피할 수 있다"라고 말했습니다. 이렇듯 게으름은 우리를 무너뜨리는 무서운 적이며, 사역자에게는 반드시 피해야 할 문제입니다.

지속성을 방해하는 다른 하나는 자신이 하는 사역에 대한 확신이 없는 것입니다. 확신이 없으면 주변 환경에 따라 그만두는 경우가 있습니다. 그래서 저는 사역자들에게 자신이 하는 일에 대해 확신이 있는지 물어보고, 절대 흔들리지 말라고 말합니다.

그렇다면 지속성을 유지하는 방법은 무엇일까요? 삶의 습관을 만드는 것입니다. 저는 사역자들에게 사역에서뿐만 아니라 운동이나 개인 경건의

생활에서도 지속성을 강조하면서 삶의 습관을 만들어 내면화하라고 말합니다. 자신의 시간을 관리하지 못하면 다른 사람에게 끌려다닐 수밖에 없기 때문입니다. 뿐만 아니라 부서 관리에서 지속성이 떨어지면 사역자들에 대한 사람들의 신뢰가 떨어지기 때문입니다.

앤디 스탠리가 쓴《성공하는 사역자의 7가지 습관》에서도 "전체를 지속적으로 관리하라!"라고 말합니다. 사역의 지속성을 위해서는 평가가 필요합니다. 평가되지 않은 사역은 결과를 알 수 없고, 그러면 다음 단계로 넘어갈 수 없기 때문입니다.

■■ 초대교회를 본받자

요즘 온 나라에 웰빙 열풍이 불고 있습니다. 혹시 남양분유에서 실시하던 '우량아 선발대회'를 기억하십니까? 먹고사는 것이 문제이던 시절에는 잘 먹어서 성장하고 살찐 모습을 좋다고 여겼는데, 이제는 사람들의 관심이 '어떻게 성장해야 하는가?'로 바뀌고 있음을 보게 됩니다.

한국교회의 모습도 동일합니다. 성장을 최우선의 관심으로 가졌던 때는 성장에 대한 기대와 기쁨이 있었지만, 이미 성장한 지금은 웰빙 교회에 대한 관심이 늘어나고 있습니다. 다시 말해, 이제 한국교회는 크기에 대한 문제에서 모양에 대한 문제로 그 관심의 초점이 변화되고 있다는 것입니다. 즉, 성장하는 것보다는 어떤 모습으로 성숙할 것인지가 훨씬 중요해졌다는

것입니다.

저는 그런 교회의 모델이 초대교회라고 생각합니다. 그럼 초대교회의 모습은 어떠했습니까? 당시 이스라엘이 로마의 속국으로 있는 상태에서 경제적인 어려움이 있었습니다. 스스로 먹고살기에도 부족한 처지에 중간 지도자들이 세금을 걷으면서 자기 민족의 돈을 가로채는 상황이 벌어졌습니다. 게다가 신정(神政)국가였던 이스라엘 백성에게 예루살렘에서 제사를 드리는 것은 빼놓을 수 없는 증요한 일이었는데, 종교를 이용하여 이득을 취하는 자들이 있었습니다. 예수님께서 예루살렘에 입성하셨을 때 이러한 모습을 보시며 질책하셨던 말씀이 누가복음 19장에 기록되어 있습니다.

성전에서 돈 버는 자들이 있었다는 것은 어려운 사람들의 돈을 종교라는 이름으로 갈취하는 자들이 있었다는 것을 뜻합니다. 그런데 새로운 종교가 시작되었습니다. 예수의 이름으로 모인 자들은 제사를 지내기 위해 남의 돈을 갈취하는 것이 아니라 '서로의 필요를 따라 나누어주는' 사람들이었습니다. 은혜를 받은 사람들이 한마음, 한뜻이 되어 모든 물건을 함께 사용하였고, 자신의 재물을 자기 것이라고 말하는 이도 전혀 없었습니다. 밭과 집 있는 사람들은 자신의 소유를 판 돈을 사도들에게 전해주었고, 사도들은 각 사람의 필요에 따라 나눠주었습니다. 이것이 얼마나 매력적이었는지, 스스로 이 일에 동참하는 사람들이 늘어나기 시작했습니다. 심지어는 이 일을 흉내 내고 싶어 하는 사람들까지 생겼습니다.

그렇다면 지금 한국교회의 모습은 어떻습니까? 교회로서의 매력을 잃어버렸습니다. 믿지 않는 사람들이 눈길을 주지 않기 시작했다는 것입니다.

제가《예수 믿지 않는 사람들의 눈에 비친 교회》라는 책에서 많은 부분을 할애했던 것이 A.D. 300~400년 사이의 초더교회의 모습이었습니다. 콘스탄틴 대제가 기독교를 공인하고, 테오도시우스 황제가 기독교를 국교로 제정하던 당시 크리스천은 전체 인구의 10%를 넘지 않았습니다. 그럼에도 어려운 사람을 돕는 일에는 크리스천들이 중심이 되었습니다. 나라를 움직일 만한 강력한 영향력이 있었다는 것입니다.

기독교의 세력이 점점 커져가자, 콘스탄틴 이후 로마 황제 중에 유일하게 기독교를 배신했던 율리아누스는 이교를 부활시키기 위해 여기저기에 편지를 보냈습니다. 이교의 제사장들에게 "이교를 부흥시키기 위해서는 기독교를 본받으라!"라고 쓴 글이 눈에 띕니다. 크리스천들은 모든 사람, 즉 같은 종교를 가지지 않은 사람에게도 친절(hospitality)을 베풀었는데, 이것을 교회가 성장하는 이유로 보았던 것입니다. 이런 영향력 때문에 기독교는 100년 만에 전 유럽에 퍼져 나가기 시작했습니다.

성경에는 초대교회 사람들이 모여서 하나님을 찬미하고 "백성에게 칭송을 받았다!"라고 기록되어 있습니다. 오늘날 한국 곳곳에서는 자기 동네에 교회가 세워진다고 하면 주민들이 반대하는 경우가 많은데, 초대교회 당시에는 하나님께 예배 드리지 않는 사람들조차 크리스천들의 모습을 칭송했다는 것입니다.

그러면 우리 교회는 어떤 교회가 되어야 할까요? 분명한 목적을 가지고 나가야 합니다. 초대교회 성도들은 성령을 체험한 후 말씀을 전하기 위해 흩어진 사람들입니다. 가장 중요한 것은 그들이 삶에서 예수님을 자신의 구주로 시인했다는 사실입니다.

무디는 자신이 복음을 좋아하는 이유에 대해서 이렇게 말했습니다.

내가 복음을 좋아하는 이유는 그것이 내게 가장 좋은 소식이 되기 때문이다. 나는 복음으로 말미암아 나의 인생 행로에서 네 가지의 큰 어려움을 제거할 수 있었다. 첫째, 복음은 내게서 죽음의 공포를 없애주었다. 둘째, 복음은 죄의 멍에를 풀어주었다. 셋째, 복음은 심판의 두려움을 제거해주었다. 넷째, 복음은 나를 죄의 억압에서 해방시키고 자유의 영을 주었다.

교회는 구원의 복음을 선포하기 위해 존재합니다. 우리가 이 땅의 소망이 될 유일한 방법은 복음을 전하는 일입니다. 우리가 예배에서 영감을 받고, 훈련된 제자가 되어, 세상을 섬기는 목적은 바로 복음을 전하기 위함입니다. 복음은 우리에게 가장 좋은 소식이자 기쁜 소식이기 때문입니다.

저는 대학시절 군사훈련을 받기 위해 문무대에 입소한 적이 있었습니다. 훈련 중 가장 인상에 남는 것은 사격이었는데, 저에게는 조금 부끄러운 추억이 있습니다. 실사격을 하기 전에 가늠자를 조정하기 위하여 표적을 향해 조준과 격발을 하고 볼펜으로 표시한 다음 확인을 하는데, 보통 표적 내에 정삼각형의 그림이 그려지면 이상적으로 사격 준비가 끝나는 것입니다.

사실 저는 군종장교 훈련을 받기 위해 영천의 3사관학교에 입소했을 때에도 사격에 관해서는 타의 추종을 불허하는 실력을 가지고 있었습니다. 사격교관이 "목사님은 병과를 보병으로 바꾸는 것이 어때요?"라고 농담을 할 정도로 탁월한 실력을 가지고 있었습니다.

그런데 문무대에서 훈련을 받던 어느 날의 일입니다. 영점 조준을 끝내고 확인해본 결과 제 표적은 거의 정삼각형에 가까웠고 아무런 문제가 없었는데, 나중에 사격 결과를 확인해보니 놀랍게도 제 표적에는 한 발도 맞지 않은 것이었습니다. '왜 맞지 않았을까?' 하고 실망도 되고 고민이 되던 찰나에 제 옆에서 사격한 친구가 중얼거리는 소리를 듣게 됐습니다. "이상하다. 나는 분명히 9발을 쐈는데, 왜 이렇게 많이 맞았지?"

그 순간 저는 아무 말도 하지 않았습니다. 정확하게 중앙에 가서 총알이 맞은 흔적이 있었지만, 제가 쏘았다고 말하는 것은 창피한 일이었기 때문입니다. 그렇습니다. 문제는 얼마나 열심히, 그리고 잘 쐈느냐가 아니라 '내 목표에 맞았느냐?'라는 것입니다.

마찬가지로 교회의 의미는 "얼마나 열심히 일하느냐?" 혹은 "얼마나 사람이 많이 모이느냐?"에 있지 않습니다. "진정으로 하나님이 원하시는 목적을 위해 사용되며, 교인들이 그 목적을 위해 헌신하느냐?"에 있습니다.

인생을 살아가는 데 있어서 가장 중요한 것은
가치 있는 일을 하는가?, 하나님의 길을 가는가?에 대한 확신입니다.
이러한 우선순위가 우리의 삶을 지배하면
금방 사라질 눈앞의 이득이나 즐거움은 포기할 수 있습니다.

MANNA
METHODIST CHURCH

5

삶을 명료하게 하라

■■ 단순한 삶을 살라

한 가지 실험을 해보겠습니다. 입구가 넓은 유리 항아리에 가득 찰 때까지 돌을 채워 넣습니다. 항아리가 가득 찼을까요? 그렇지 않습니다. 그러면 모래주머니를 가지고 와서 모래를 채워봅니다. 이제 다 찼나요? 아니지요. 주전자의 물을 항아리에 부어봅시다. 그러면 물이 계속 들어갈 것입니다.

이 실험이 주는 교훈이 무엇일까요? 일정이 아무리 빡빡해도 언제나 다른 일정을 끼워 넣을 수 있다는 것일까요? 그렇지 않습니다. 큰 것을 먼저 넣지 않으면 절대 더 작은 것이 들어가지 못한다는 것입니다.

교회가 소망이 되기 위한 지침 두 번째는 '삶을 명료하게 하라'는 것입니다. 이것을 저는 스티커의 메시지 6가지 원칙 중 첫 번째인 '단순성'과 연관하여 생각해보았습니다. 즉, 단순한 삶(Simple Life)을 살라는 것이지요. 《스틱》에서 말하는 단순성은 '더 보탤 것이 있을 때가 아니라 더는 뺄 것이 없는 상태, 한 가지 핵심만이 간결하게 표현된 상태'를 말합니다.

모든 내용이 중요하다는 말은 아무 내용도 중요하지 않다는 말과 다를 바 없습니다. 모든 내용에 우선순위 1번을 매기면 우선순위 자체가 무의미해진다는 것이지요. 메시지의 핵심을 발굴하려면 무자비할 정도로 곁가지를 쳐내고 중요한 것만을 남겨야 합니다.

그래서 저는 이렇게 질문해보았습니다.

"교회의 핵심은 무엇인가?"

"교회가 이 땅의 소망이 되려면 무엇을 우선해야 하는가, 그리고 쳐내야 하는 가지는 무엇인가?"

한때 한국에서 '파레토의 원리'가 유행했습니다. 이것은 80/20의 원리라는 것인데, 가장 중요한 우선순위에 시간과 정력, 돈, 인력을 투자하는 법칙입니다. 즉, 중요한 것 20%에 80%의 시간과 정력을 투자한다는 의미도 되고, 중요한 것 20%가 80%의 결과를 거두게 된다는 원리이기도 합니다.

단순한 삶을 살려면 우리의 삶에 우선순위가 분명해야 합니다. 지금 내가 가장 많은 시간을 투자하고 열심히 하는 일이 무엇인지, 그것으로부터 기쁨을 얻고 있는지, 그리고 가장 중요한 일을 하고 있는지 생각해보아야 합니다. 아울러 내가 하는 일, 혹은 하려는 일이 신앙적으로 하나님의 마음에 합한 일인지, 하나님의 마음을 기쁘시게 하는 일인지도 생각해봐야 합니다.

■■ 시간을 잘 활용하라

리더십 세미나에 참석해서 강의를 들었을 때, 빌 하이벨스 목사님이 매우 도전적인 질문을 했습니다.

"당신이 시간을 가장 많이 투자하고 최선을 다하는 일이 당신의 은사를 기쁘게 활용하는 일입니까? 그렇지 않다면 우선순위를 조정하십시오."

그 강의를 들으면서 제가 하는 일을 점검하게 되었습니다. 그리고 현재 시간을 많이 투자하는 일이 오히려 제 삶에 방해가 되고 있다는 것을 깨달았습니다. 그래서 몇 가지 원칙을 세웠습니다.

첫째, 어떤 모임의 강사로 서는 일이 타의에 의해서나 명예에 의해 결정되어서는 안 된다.

둘째, 말씀을 전하는 일이 자기 과시의 행위가 되어서는 안 된다.

셋째, 학교 강의나 집회가 목회보다 우선되어서는 안 된다.

넷째, 매년 가장 중요한 일을 미리 정하고 그대로 진행한다.

다섯째, 해외를 나갈 때는 예정에 없는 만남으로 시간을 허비하지 않는다.

시간을 활용하는 것만큼 그 사람의 우선순위를 보여주는 것은 없다고 봅니다. 우리는 주변에서 시간에 대해 핑계를 대는 사람을 자주 만납니다. 교회의 사역자들, 또는 평신도 지도자들에게서도 이런 경우를 봅니다. 그러나 사역을 하다 보면 늘 바쁘고 어려운 일이 겹치는 것은 아닙니다. 성공하는 사람들은 힘들고 어려운 때를 잘 준비하고, 그 기간을 잘 지나갑니다.

물론 어쩔 수 없는 경우가 있을 수도 있습니다. 그래서 나름의 분명한 원칙을 세워보자는 것입니다. 처음에는 정해진 원칙을 지키기가 힘들 것입니다. 그러나 시간이 지나면 그 원칙이 자신을 지켜주고 있다는 것을 발견하게 될 것입니다.

■■ 어떤 일을 우선순위로 둘 것인가

얼마 전에 한 권사님이 아들의 직장 문제로 전화를 해왔습니다. 그 아들은 교회에서도 열심히 봉사하는 청년이었습니다. 그 청년이 아주 좋은 직장에 취직을 했는데, 더 좋은 조건의 자리가 나온 것이 문제였습니다. 그래서 저는 이렇게 대답해주었습니다.

"권사님, 먼저 아들의 비전을 바라보세요. 그리고 그 비전을 이루어나가는 데 어떤 것이 도움이 되는지 판단하세요. 혹시 좋은 조건이 비전을 가로막는 것이라면 거절해야 하고요. 비전을 이루는 데 도움이 되는 일이라면 축복으로 받으세요."

인생을 살아가는 데 있어서 가장 중요한 것은 '가치 있는 일을 하는가?', '하나님의 길을 가는가?'에 대한 확신입니다. 이러한 우선순위가 우리의 삶을 지배하면 금방 사라질 눈앞의 이득이나 즐거움은 포기할 수 있습니다.

우선순위의 문제는 인간관계나 가정이나 경제적인 삶이 중요하지 않다는 것이 아니라 더 중요한 것이 있다는 것입니다. 모든 것을 잘하려고 노력하는 사람이 아니라 중요한 것을 잘하는 사람이 되어야 합니다.

존 맥스웰이 쓴 《리더십의 법칙》이라는 책에서 우선순위에 대한 구체적인 원리를 제시하는데, 다음과 같습니다.

첫째, 우선순위가 늘 일정하지는 않다는 것입니다. 로스 페롯은 탁월하거나 칭송받을 만한 가치가 있는 것도 순간적이기에 끊임없는 노력이 필요하다고 말했습니다. 이것을 신앙적으로 풀어본다면 늘 하나님의 음성에 귀를 기울이고, 말씀 묵상을 통해 하나님이 주시는 사명을 깨닫는 자만이 중요한 일을 먼저 할 수 있다는 것입니다.

우리는 자신의 본성을 너무나 잘 알지 않습니까? 충만한 은혜를 체험하던 때의 우선순위와 많은 은혜를 잊고 사는 지금의 우선순위가 달라져 있다는 사실을 알고 있습니다. 성공하는 사람, 거룩하게 구별된 삶을 사는 사람은 순간순간 하나님 앞에서 우선순위를 묻는 사람입니다.

둘째, 때때로 청소와 같은 중요하지 않은 일은 무시해도 된다고 말합니다. 윌리엄 제임스는 "지혜란 무엇을 간과해야 하는지를 아는 기술"이라고 말했습니다. 성공하지 못하는 사람들의 대부분이 하지 않아도 되는 하찮은 일을 위해 너무나 많은 시간과 정력을 소비한다는 것입니다.

한 젊은 바이올리니스트에게 성공의 비결을 묻자, 이렇게 대답했다고 합니다. "의도적으로 무시하는 것입니다. 학교에 다닐 때는 내 시간을 참 많은 일에 할애했습니다. 아침식사 후 내 방에 들어가면 침대를 비롯하여 온 방을 깨끗이 청소했고, 마루 먼지까지 털어냈습니다. 시야에 들어오는 것은 무엇이든지 다 치웠습니다. 그랬더니 바이올린 연주에는 내가 생각한 만큼 진전이 없었습니다. 그래서 마음을 바꿨지요. 연습 시간이 끝날 때까지는 나머지 일을 의도적으로 무시하기로 말입니다. 그 전략이 성공하여 오늘날의 내가 있다고 생각합니다.”

셋째, 좋은 차선책 선택이 불행을 가져온다고 말합니다. 만일 우리가 옳고 그름의 문제를 놓고 우선순위를 정한다면 그렇게 어렵지 않을 것입니다. 그러나 많은 경우에는 좋은 것 중의 하나를 선택해야 합니다. 그래서 우선순위에 입각한 삶을 살기 위해서는 포기하는 훈련을 해야 합니다. 선택하는 것도 어려운 일이지만, 포기하는 것도 어려운 일입니다. 다시 말해, 우선순위의 삶을 살려면, 대가를 지불해야 하고 손해를 감수해야 합니다.

대표적인 경우가 예수님께서 돼지에게로 귀신을 쫓아 보내신 일입니다. 마태복음 8장 28절 이하를 보면, 예수님께서 가다라 지방을 지나가시다가 귀신들린 사람 때문에 마을 사람들이 어려움을 당하는 것을 보고, 귀신을 쫓아 돼지 떼에게로 보내신 이야기가 나옵니다. 그런데 귀신들린 돼지들이 모두 바다에 들어가 죽는 것을 보고는 사람들이 찾아와 예수님께서 이곳을 떠나셨으면 좋겠다고 말합니다. 예수님께서 자신들을 구원해주시는 것이 좋기는 하지만, 경제적인 손실을 입기는 싫다는 것입니다.

신앙생활을 하면서 세상이 주는 기쁨을 모두 누릴 수 있다면 얼마나 좋겠습니까? 하지만 우리의 영적 생활을 위하여 포기해야 할 부분이 있다면 기꺼이 대가를 지불해야 할 것입니다.

넷째, 모든 일을 다 잘할 수 있다는 욕심을 버리라고 말합니다. 참된 지도

자는 최선의 것에 'Yes'라고 말하기 위해 차선의 것에 'No'라고 말합니다.

어떤 사람들이 프랑스 알프스 산맥의 최고봉 몽블랑을 정복하려고 준비 중이었습니다. 산에 오르기 전날 밤 프랑스인 안내자가 말했습니다. "정상에 도달하려면 꼭 필요한 장비만 가져가야 합니다. 불필요한 것은 모두 두고 가십시오. 그렇지 않으면 매우 힘이 듭니다."

한 영국 젊은이는 이 말을 듣지 않았습니다. 다음 날 아침 그는 다소 무거운 담요, 커다란 치즈 덩어리, 포도주 한 병, 여러 개의 렌즈가 달린 사진기 두 대 그리고 초콜릿을 챙겨 보여주었습니다. 그러자 안내자가 그에게 말했습니다. "그렇게 가지고 가시면 절대 성공하지 못합니다. 최소한의 장비만 챙겨 가십시오."

그러나 영국 젊은이는 자신이 해낼 수 있다는 것을 보여주겠다는 듯 동료들을 앞서서 단독으로 출발했습니다. 다른 동료들은 안내자의 지시대로 최소한의 장비만을 가지고 그를 따랐습니다. 몽블랑 정상을 향하는 도중에 그들은 누군가 버린 물건을 볼 수 있었습니다. 맨 처음에 그들은 담요를 보았습니다. 조금 더 올랐을 때 거기에는 치즈 덩어리가 있었고 그 뒤로 포도주, 카메라 장비, 그리고 초콜릿이 버려져 있는 것을 보았습니다. 마침내 정상에 도달했을 때 그들은 영국 젊은이를 만났습니다. 지혜롭게도 그는 도중에 불필요한 모든 것을 버렸던 것입니다.

이 밖에도《리더십의 법칙》에서는 '할 일이 많으면 무기력해진다', '사소한 것에 목숨을 걸어서는 안 된다', '정해진 시간 안에 긴급한 일을 먼저 처리해라', '가족과 함께 시간 보내기를 우선시하라' 등 우선순위의 원리를 이야기합니다.

이처럼 삶을 단순하게 살아내기란 쉽지 않습니다. 저는 매일 이런 고민을 합니다. '만나교회가 이 땅의 소망이 되려면 무엇을 해야 하는가?' 그러다 보니 해야 할 일이 너무 많이 보입니다. 그렇다고 그 일들을 모두 할 수는 없습니다. 새롭게 시작한 사역이 자리 잡는 데에는 오랜 시간이 걸립니다. 어떤 사역은 지속적으로 잘 진행되어 열매를 맺기도 하지만, 어떤 사역은 처음의 의도와는 다르게 진행되거나 열매 맺지 못하는 경우도 있습니다.

그래서 어떤 해에는 사역자들이 모여 교회의 사역에 대해 리스트 작업을 한 뒤, 사역을 정리하는 시간을 갖기도 했습니다. 그래서 사역자의 부담도 줄이고 더 중요한 사역에 역량을 집중할 수 있도록 했습니다.

어느 날 헨리 블랙커비가 쓴《하나님을 경험하는 삶》이란 책을 읽다가 우리가 다음과 같은 것에 우선순위를 둔다면 우리의 삶이 하나님을 우선하는 삶이 될 뿐 아니라, 명료해지지 않을까 생각했습니다.

어느 날 한 농부가 제게 자기 농장으로 찾아오지 않겠느냐고 제의했습니다. 그는 이렇게 찾아오면 된다고 말해주었습니다.

"시내를 지나서 한 400미터쯤 가다 보면 왼쪽으로 빨간색을 칠한 큰 축사가 보일 것입니다. 그러면 다음 길에서 왼쪽으로 도세요. 그 길을 따라 약 1,200미터 정도 더 가시면 나무가 한 그루 있습니다. 거기서 오른쪽으로 돌아 6,400미터쯤 가면 큰 바위가 하나 있습니다."

저는 그가 말하는 대로 쪽지에 적어두었습니다. 그리고 어느 날 그곳을 찾아갔습니다.

다음번에 그 농부의 집에 갈 때는 그가 저와 함께 동행했습니다. 그의 농장으로 가는 길은 여러 갈래가 있기 때문에 그는 그가 원하는 길로 저를 데려갈 수 있었습니다. 이번에는 저에게 그 쪽지가 필요 없었습니다. 그가 바로 제 '지도'였기 때문입니다.

제가 해야 했던 일은 무엇이겠습니까? 그저 그의 말을 듣고 그대로 따라 하면 되었습니다. 그가 "돌아라!" 하고 말하면 그렇게 했습니다. 그는 제가 한 번도 가본 적이 없는 길도 갈 수 있게 해주었습니다. 저 혼자서는 그 길을 다시 찾을 수 없을 것입니다. 그 농부가 제 지도였습니다. 그가 길을 알고 있었기 때문입니다.

많은 경우에 우리는 참다운 신앙의 길을 가기 위해 이렇게 하나님께 기도합니다.

"주님, 제가 무엇을 하기를 원하십니까? 주님, 제가 어떻게 하기를 원하십니까? 주님, 제가 어디서 해야 합니까? 결과는 어떻게 될까요? 길을 가르쳐 주시면 제가 찾아가겠습니다."

그런데 주님은 이렇게 말씀하십니다.

"그럴 필요 없다. 내가 길이기 때문이다. 매일 나와 함께 동행하면 된단다."

하나님 한 분에게만 집중하면, 그리고 그분과 동행하기만 하면, 우리의 삶은 명료해질 수 있습니다.

가장 중요한 것은 이렇게 실수가 반복되는 과정에서도
계속해서 '나를 죽이는 훈련'이 필요하다는 것입니다.
나를 죽이는 자들만이 주님의 눈으로 세상을 보고,
주님의 눈으로 판단하고, 주님의 눈으로 결정할 수 있습니다.

Manna
Methodist Church

■■ 어떤 삶을 살 것인가

미국의 갈보리교회 척 스미스(Chuck Smith) 목사님은 미국의 베이비 붐 세대(baby boomer), 즉 1960년대 이후 히피족으로 등장한 젊은이들을 위해 선교한 것으로 유명합니다. 젊은이들을 좋아하는 교회에 젊은이들이 많이 모이는 것은 당연합니다. 그런데 문제는 교회를 아름답게 단장하고 깨끗하게 카펫을 깔았는데, 신발도 신지 않은 지저분한 젊은이들이 교회를 어지럽히자 교회의 중직들이 싫어하게 된 것입니다.

그래서 하루는 중직들이 목사님을 찾아와 지저분한 젊은이들 때문에 교회가 지저분해진다고 불평했습니다. 그러자 목사님이 이렇게 대답했습니다. "카펫을 걷어버리십시오!"

젊은이들에게 도움이 되어야 할, 그래서 그들이 찾아와야 할 교회에 카펫 때문에 그들이 들어오는 것이 방해를 받는다면, 카펫을 걷어내야 한다는 것입니다.

선교와 복음을 위해, 그리고 주님의 사랑을 전하기 위해 세워진 교회가 교회를 유지하기 위한 교회로 바뀐다면 '삶의 방식'이 잘못된 것 아닐까요? 교회가 소망이 되기 위한 세 번째 지침은 'Change your life!' 즉, '삶의 방식을 바꾸라!'입니다.

저는 이것을 스티커의 메시지 6가지 원칙 중 두 번째인 '의외성'과 연관하여 생각해보았습니다. 저는 목회하면서 늘 하나님의 마음을 품고자 애씁니다. 하나님이 이 세상을 바라보시면서 얼마나 안타까워하실지 생각합니다. 그러면서 이런 질문을 스스로에게 던져보았습니다.

"하나님이 우리에게 바라시는 삶의 방식은 무엇인가?"

"세상 사람들이 우리에게 기대하는 삶의 방식은 무엇인가?"

"믿지 않는 자들에게 호기심과 매력을 자극할 수 있는 삶의 방식은 무엇인가?"

"세상 사람들은 우리의 달라진 삶을 통해 무엇을 듣고 싶어 하는가?"

그리고 이 질문에 대한 답을 '의외성'을 통해 찾을 수 있겠다고 생각했습니다. 《스틱》에서 말하는 의외성은 이렇습니다. 사람들의 관심을 끌고 그 관심을 유지하려면, 사람들의 예상을 깨는 메시지를 던져야 한다는 것입니다. 즉, "예측하지 못했던 삶의 방식은 감동을 준다. 그러므로 예측을 뛰어넘어라!"라는 것입니다.

《스틱》이라는 책에서 의외성을 설명하면서 제시했던 이야기를 잠깐 소 개하겠습니다.

노라 에프론은 〈실크우드〉, 〈해리가 샐리를 만났을 때〉, 〈시애틀의 잠 못 이 루는 밤〉 등의 작품으로 아카데미 작품상 후보에 오른 경력을 지닌 저명한 시나리오 작가다. 에프론은《뉴욕 포스트》와《에스콰이어》의 기자로서 경 력의 첫발을 디뎠는데 그녀가 기자가 되기로 결심한 것은 고등학교 때 만 난 어느 언론학 교사 덕분이었다.

에프론은 아직도 첫 언론학 수업을 기억하고 있다. 수업에 들어온 학생들 은 실제 경험은 전무했지만, 적어도 기본적인 상식은 갖추고 있었다. 예를 들어, 기자들이 사실을 보도하는 기사를 쓸 때에는 '언제, 어디서, 누가, 무 엇을, 어떻게, 왜' 같은 육하원칙에 따른다는 등 같이다.

학생들이 타자기 앞에 자리를 잡자, 교사는 첫 번째 과제를 내주었다. 신문 기사의 첫 번째 문장, 즉 리드를 쓸 것. 교사가 기사의 토대가 될 사실들을 나열하기 시작했다.

"오늘 베벌리 힐스 고등학교의 케네스 L. 피터스 교장은 다음 주 목요일 베 벌리 힐스 고등학교의 전 교직원이 새크라멘토에서 열리는 새로운 교수법 세미나에 참가할 것이라고 말했다. 이 세미나에는 인류학자 마거릿 미드, 시카고 대학 학장 로버트 메이너드 허친슨 박사, 캘리포니아 주지사 에드 먼스 팻 브라운 등이 강연자로 참석할 예정이다."

미래의 기자들은 열심히 타자기를 치며 생애 최초의 리드를 작성했다. 대부분의 학생이 주어진 사실들을 모아 한 문장으로 압축했다.

"다음 주 목요일 새크라멘토에서 주지사 팻 브라운, 마거릿 미드, 로버트 메이너드 허친슨 박사 등이 베벌리 힐스 고등학교의 교직원들에게 강연을 할 것이다. 어쩌고저쩌고."

교사는 학생들이 작성한 리드를 재빨리 훑어보았다. 그런 다음 그는 종이를 옆으로 밀쳐놓고 잠시 동안 말없이 앉아 있었다.

마침내 그가 입을 열었다.

"이 이야기의 리드는 '다음 주 목요일 휴교'란다!"

"정말 놀라운 순간이었다."

에프론은 이렇게 회상한다.

"바로 그 순간, 나는 언론학이란 단순히 사실들을 재구성하는 것이 아니라 요점을 파악하는 것임을 깨달았다. 누가 언제 무엇을 어떻게 했느냐 따위를 아는 것만으로는 부족했다. 그것이 무슨 의미인지, 그리고 어째서 중요한지를 알아야 했다."

(중략)

그가 학생들에게 그토록 커다란 영향을 미칠 수 있었던 것은 그가 열정적인 연설가라든지 훌륭한 교사였기 때문이 아니라 끝내주는 메시지를 제시했기 때문이다. 그 메시지는 채 1초도 안 되는 시간 동안 학생들의 머릿속에 언론학에 대한 도식을 새로 썼고, 한 학생의 미래를 바꾸었으며, 그후 30년 동안 그 학생의 마음속에 줄곧 달라붙어 있었다.

우리는 '바꾼다!'라는 표현 자체에 거부감을 느낍니다. 그리고 삶의 방식을 바꾼다고 하면 기겁하며 도망가는 사람이 있을지도 모르겠습니다. 왜냐하면 사람은 누구나 지금 자신의 모습이 잘못되었다는 사실을 인정하고 싶지 않기 때문입니다.

이것은 비단 우리 자신의 문제만은 아닙니다. 교회에서도 '변화'에 대한 두려움이 있습니다. 더욱이 나를 위한 변화가 아니라, 다른 누군가를 위한 변화라면 어떨까요?

만나교회는 변화를 많이 시도하는 교회입니다. 그런데 그 변화는 기존의 신자들을 위한 변화보다는 새롭게 복음을 받아들이고 교회에 적응하는 성도들을 위한 변화가 더 많습니다. 우리가 이처럼 변화를 시도하는 이유는 기존의 신자들이 느끼는 것과 초신자, 혹은 비신자들이 느끼는 것 사이의 격차를 줄이기 위해서입니다. 그래서 우리는 변화를 시도하고 실천합니다.

> 내가 그리스도와 함께 십자가에 못 박혔나니 그런즉 이제는 내가 사는 것이 아니요 오직 내 안에 그리스도께서 사시는 것이라 이제 내가 육체 가운데 사는 것은 나를 사랑하사 나를 위하여 자기 자신을 버리신 하나님의 아들을 믿는 믿음 안에서 사는 것이라(갈 2:20).

우리가 변화된 삶을 살아가는 데 가장 큰 장애가 되는 것은 환경이나 다른 사람들이 아닙니다. 결국, 나 자신의 문제입니다. 내 자아가 원하는 것과 주님의 말씀 사이에는 엄청난 차이가 있다는 것을 발견합니다.

오랫동안 예수를 믿어왔지만, 어떤 사건이나 사안이 닥쳤을 때, 예수님과 자아가 싸우면 누가 이기던가요? 그리스도와 함께 십자가에 못 박혔으면 내가 죽어야 합니다. 그리고 내 안에서 그리스도께서 사셔야 합니다. 그런데 과연 우리는 그리스도로 충만한 삶을 살고 있습니까?

우리는 아무리 예수님을 믿어도 자아가 죽지 않습니다. 교회가 깨어지고, 다른 사람들에게 상처를 주는 한이 있어도 '나 자신의 의'가 드러나는 것을 중요시합니다. 오늘날 교회에서 일어나는 많은 분쟁 가운데 해결의 기미가 보이지 않는 것들이 있습니다. 서로 '하나님의 뜻'이라고 말하며 자신을 절대로 포기하거나 양보하지 않습니다. 그토록 많은 기독교인이 있음에도 하나님의 뜻이 이루어지지 않는 이유가 바로 이 때문입니다.

어떤 목사님이 목사가 되고 나서 고민한 것이 있었는데, 신학생 시절에 피우던 담배를 끊지 못한 것입니다. 교회의 담임을 맡았는데도 이 담배가 문제였습니다. 더욱 심각한 것은 주일 11시 예배만 마치면 담배를 피우고 싶어서 견딜 수가 없었던 것입니다. 그래서 예배를 마치고 나면 이 목사님이 30분 정도 사라집니다. 교인들은 갑자기 사라진 목사님이 어디를 가는지 도대체 알 수가 없습니다. 멀리 차를 몰고 나가서 담배를 피우고는 은단을 먹고 껌을 씹고 다시 나타납니다.

얼마나 삶이 괴롭고 고달팠겠습니까? 결국 목사님은 담배를 끊든지, 목회를 그만두든지 결단을 해야 했습니다. 그런데 이 목사님은 담배를 끊지 못하고 목회를 포기하고 말았습니다. 우리의 삶에도 동일하게 요구되는 것이 있지 않습니까? 내가 죽든지, 예수님이 다시 죽든지 결단이 필요한 때가 찾아옵니다.

제가 한번은 'Manna Mothers' Prayer' 모임에서 설교할 기회가 있었습니다. 이 모임에 오는 분들은 정말 좋은 어머니가 되기 위해서, 기도하는 어머니가 되기 위해서 모인 분들입니다. 개인적인 소원은 이 모임을 통해 이 사회를 변화시키는 역사가 일어나는 것이었습니다.

이 모임의 어머니들에게 동일한 말을 했습니다.

"좋은 어머니가 되기 위해 우리에게 주는 도전이 무엇입니까? 아이들을 바라보는 어머니의 관점이 자신의 관점에서 예수님의 관점으로 바뀌어야 한다는 것입니다."

우리는 얼마나 연약한 존재입니까? 매일매일 죽지 않으면, 우리 속에 죄와 정욕의 그림자가 늘 머리를 들지 않습니까?

어떤 장로님 부부와 함께 저녁식사를 하고 오는데, 늘 뒷자리에 앉던 아들이 앞자리에 앉는 바람에 아내와 딸이 뒷자리에 앉았습니다. 사실 우리 가정은 사오정 가족입니다. 제 아내가 아이를 가졌을 때, 여러 가지 이유로 치료를 잘 받지 못해 귀가 잘 들리지 않습니다. 그날 역시 서로 말을 잘 못 알아듣고 이야기를 하다가 다툼이 일어났고, 엄마가 아이들의 손을 때렸습니다. 그런데 문제는 그날 저녁에 아이들이 문장을 완성해야 하는 어떤 설문을 작성하면서 생겼습니다.

"우리 엄마는 ______다"라는 빈칸을 채우는 것인데, 딸이 "우리 엄마는 나와 사이가 좋지 않다"라고 썼고 "우리 아빠는 착하다!"라고 썼습니다. 아내가 이 난국을 수습하려고 했지만 잘 되지 않았습니다.

이게 우리 집만의 이야기입니까? 아닙니다. 모든 가정에서 동일하게 일어나는 일입니다. 우리는 작은 일에서부터 큰일까지 자녀에게 상처를 주기도 하고 치유를 받기도 합니다.

그런데 가장 중요한 것은 이렇게 실수가 반복되는 과정에서도 계속해서 '나를 죽이는 훈련'이 필요하다는 것입니다. 나를 죽이는 자들만이 주님의 눈으로 세상을 보고, 주님의 눈으로 판단하고, 주님의 눈으로 결정할 수 있습니다.

■■ 행동하는 믿음이 필요하다

대부분의 사람은 변화를 원하지만, 실천으로까지 이어지지 않습니다. 스티븐 아터번과 잭 펠톤이 쓴 《해로운 믿음》이라는 책에 나오는 예화를 잠깐 소개하겠습니다.

두 소녀가 학교를 가고 있었습니다. 또다시 지각을 하게 생겼죠. 시작하는 종이 울릴 때가 점점 더 가까워졌습니다. 이들은 이미 여러 번 지각을 했기 때문에 똑같은 잘못을 되풀이한다면 결과가 심상치 않으리라는 것을 잘 알고 있었습니다. 한 소녀는 가까이에 있는 구덩이로 들어가 하나님께 늦지 않게 해달라고 기도하자고 제안을 했고, 다른 소녀는 좀 더 현실적인 제안을 하였습니다. 그들이 기도하면서 뛰어야 한다는 것이었습니다.

수많은 종교 중독자는 비현실적인 구덩이로 기어듭니다. 그들은 게으름이라는 세계로 물러나 그들에게 마술적이고 신비한 방식으로 모든 일이 이루어지기를 바라고 있습니다. 그들은 종처럼 부릴 수 있는 하나님을 원합니다. 그들은 하나님을 섬기고 싶어 하지 않습니다. 그들은 현 상황을 단번에 정리하고 모든 상처를 신속히 치료하는 하나님이라는 마약을 원할 뿐입니다.

신앙생활을 열심히 하는 사람 중에 기도는 하지만 게으른 사람이 많습니다. 삶을 통해 적용되는 믿음, 사역을 통해 드러나는 믿음이 필요합니다. 하나님은 기도하며 움직이는 사람을 통해 역사하시고 일하십니다. 사역의 핵심이 이러한 원리에 맞춰질 수 있도록 해야 합니다.

하나님의 사랑은 불변의 사랑입니다.
우리의 있는 모습 그대로 받으시기를 원하시는 사랑입니다.
따라서 우리 마음속에 허락되지 않는 그 어떤 사람도
하나님의 사랑에서는 제외될 수 없습니다.

MANNA
METHODIST CHURCH

하나님이 사랑하시는
사람을 사랑하라

■■ 진정한 크리스천이 되려면

다음은 2008년 4월 26일 《위클리비즈》에 나온 'CEO의 가치'에 대한 이야기입니다.

#1: 1997년 위기에 처해 있던 미국 최대의 전화회사 AT&T의 CEO 마이클 암스트롱이 취임하자 회사의 가치가 하루 만에 40억 달러(현 환율로 약 3조 9천억 원)나 증가했다.

#2: 2008년 1월 8일 미국 증시가 하락세를 보였지만, 스타벅스의 주가는 10.3%나 폭등했다. 창업주인 하워드 슐츠가 다시 CEO로 복귀해 경영에 참여하기로 결정했다는 뉴스 때문이었다.

#3: 2007년 11월 씨티 그룹 척 프린스 회장은 회사 순이익이 57% 격감한 책임을 지고 사임했다. 스탠리 오닐 전 메릴린치 회장 역시 서브프라임 투자로 80억 달러에 이르는 손실을 낸 책임을 지고 비슷한 시기에 퇴임했다.

위의 공통점은 주식시장과 주주가 CEO에 거는 기대가 그만큼 크다는 점이다. 최근 연구에 의하면 한 조직이 얼마나 효율적으로 업무를 수행하며 효과적으로 목표를 달성하는가의 20~40% 정도는 그 조직의 CEO가 어떤 리더십을 가지고 있는가에 기인한다고 한다.

CEO가 이런 영향을 미칠 수 있는 이유는 바로 세 가지 역할 때문이다. 그것은 '꿈꾸기(dreaming)', '실행하기(executing)', '격려하기(motivating)'이다. 마이크로소프트의 CEO인 스티브 발머가 전 사원 앞에서 원숭이처럼 소리 지르며 "나는 이 회사를 정말 사랑해요!"라고 숨이 넘어갈 듯 외치는 모습을 보며 종업원들은 '구글의 도전을 물리치기 위해 내가 가진 모든 것을 바쳐야겠구나!'라는 생각을 할 것이다.

CEO는 외로운 존재이다. 자신에 대한 평가 기준이 현재가 아닌 미래이고, 모든 사람을 만족시킬 수는 없기 때문이다. 조직에 반드시 필요한, 가치 있는 CEO가 되기 위해서는 진정한 용기와 자신만의 핵심가치가 반드시 필요하다.

지금 교회의 각 파트를 맡은 우리는 그 파트의 CEO라고 할 수 있습니다. 우리가 어떤 역할을 하는가에 따라서 그 파트에 많게는 40%의 영향력을 미칠 수 있습니다.

혹시 명품과 짝퉁의 차이점을 아십니까? 경품인지 짝퉁인지 구별하는 방법을 한 가지 알려드리겠습니다. 비가 올 때에 가방으로 머리를 가리면 짝퉁, 옷 속에 품으면 명품입니다. 교회에 올 떠에 새벽에 갖고 나오면 짝퉁, 낮 예배에 갖고 나오면 명품입니다. 우리는 진짜가 있기 때문에 모방을 하려고 합니다. 그렇다면 진짜 크리스천은 누구입니까? 어떻게 하면 소망 있는 크리스천이 될 수 있을까요?

■■ 하나님의 마음으로 사랑하라

교회가 소망이 되기 위한 지침 네 번째는 '사랑'입니다. 즉, '하나님이 사랑하시는 사람을 사랑하라'는 것입니다. 우리의 삶은 구체적인데, 사랑이라는 단어는 너무 추상적입니다. 그래서 저는 이것을 스티커의 메시지 6가지 원칙 중 세 번째인 '구체성'과 연관하여 생각해보았습니다. 《스틱》에서는 구체성을 설명하면서 다음과 같은 테스트를 합니다. 우리도 잠깐 그 테스트에 참여해보겠습니다. 준비물은 종이와 연필뿐이며, 겨우 15초만 투자하면 되는 테스트입니다. 자, 이제 시작하겠습니다.

1단계 – 지금 생각나는 모든 하얀색 물건을 적으라.

(중지. 타이머를 다시 15초에 맞춘다.)

2단계 – 당신의 냉장고 속에 들어 있는 하얀색 물건을 생각나는 대로 최
대한 많이 적으라.

결과가 어떻게 나왔습니까? 아마도 2단계에서 더 많은 답을 써내려가지 않았습니까? 그 이유는, 대부분의 사람은 자기 집 냉장고에 들어 있는 하얀색 물건을 그냥 머릿속에 떠오르는 하얀색 물건을 적어보라고 했을 때만큼이나 많이 나열할 수 있기 때문입니다.

그래서 저는 추상적인 '사랑'이라는 개념을 구체적으로 바꾸지 않으면 우리 중에 누구도 사랑할 수 없다고 생각했고, 그러면 우리가 사랑할 대상을 구체적으로 정해주면 어떨까 생각했습니다. 그래서 내린 결론이 바로 '하나님이 사랑하시는 사람을 사랑하자'였습니다.

달라진 삶의 방식은 우리의 행동을 통해 증명될 수 있습니다. 가장 명확한 변화는 하나님이 사랑하시는 사람을 우리도 사랑할 수 있느냐는 도전입니다! '하나님의 사랑'은 우리가 상대하는 사람들의 대상을 바꾸어놓고, 우리의 사역의 대상이 누구인지를 다시 생각하게 만들기 때문입니다.

《믿음은 행동이 증명한다》의 저자 쉐인 클레어본은 9·11 이후 양분화된 미국에 대해서 이야기합니다. 9·11 이후에 미국의 각지, 각 교회에서는 미국의 국가가 울려 퍼졌고, 이라크를 테러국가로 규정하고 전쟁을 시작했습니다. 이라크는 적으로, 미국에 우호적인 국가는 동지로 규정한 것입니다.

미국이 이라크를 폭격했을 때, 이라크에는 많은 사람이 있었고, 그중에는 예배를 드리고 있는 크리스천도 있었습니다. 그때 클레어본은 이라크에도

예배를 드리는 크리스천이 있다는 것을 알고 깜짝 놀라 물었다고 합니다.

"아니, 이라크에도 크리스천이 있었습니까?"

그랬더니 이라크 사람들이 웃으면서 대답했다고 합니다.

"아브라함이 어디 출신인지 아십니까?"

순간 그의 마음속에 이런 생각이 들었다고 합니다.

'이라크의 폭격 현장에서 예배를 드리는 사람도 하나님이 사랑하실까?'

9·11 이후의 미국은 하나님 중심이 아닌 민족주의적인 종교로 분열되었고, 그것은 지금 여기에 있는 우리에게도 빈번히 일어납니다. 우리는 적과 동지를 구분합니다. 신자와 비신자를 구분합니다. 그런데 예수 그리스도는 이 땅에서 "네 친구가 누구냐?"라고 질문하면서 우리에게 이런 경계를 허물 것을 요구합니다.

이런 말을 하면 어쩌면 주변의 교회들에게 이단이라고 손가락질 받을지도 모르겠습니다. 타 종교인들에게 관심 갖는 우리를 향해서 그들은 돌을 던질 수도 있을 것입니다.

하지만 우리는 적과 동지를 구분해도, 하나님은 내가 절대 용서하지 못하는 사람까지도 사랑하신다는 것을 기억하십시오. 하나님이 과연 어떤 생각을 가지고 계실지 생각해보십시오.

지금은 우리 교회에 나오지 않는 한 성도가 있었습니다. 제가 그분을 기도원에서 만났는데, 함께 차를 타고 오가면서 그분이 저에게 자신의 삶에서 상처받고 힘들었던 많은 이야기를 꺼내놓았습니다. 그런데 사람들이 저에게 "그분이 이상하다, 가까이하지 말라"고 이야기하기 시작하면서 저는 그분을 멀리했고, 결국 지금은 우리 교회에 나오지 않게 되었습니다.

그 성도가 자신의 삶을 얼마나 어렵게 털어놓았을까요? 그런데 우리 교회는 그 성도를 받아들일 준비가 되어 있지 않았습니다. 품어주어야 할 같은 셀 교인들이 그를 이상하다고 말했고, 저를 포함한 목회자들이 그를 감싸주지 못했습니다.

누구나 사랑하는 일은 목회자에게도 힘든 일입니다. 그러나 하나님은 그 누구든 사랑하십니다. 예수님은 세리와 창녀들을 만나신 것이 아니라 친구를 만나신 것이었습니다. 하나님이 사랑하시는 사람을 사랑하는 사람이 진정한 크리스천입니다.

2005년 1월 《낮은 울타리》라는 잡지에 한 아름다운 결혼에 관한 이야기가 소개되었습니다. 어떤 사람이 경기도 성남의 한 작은 교회에서 있었던 사랑하는 친구의 결혼식 이야기를 글로 썼습니다.

신랑은 노동운동을 하던 친구인데, 성남의 전자부품을 만드는 작은 공장에서 착한 여자를 만나게 되었답니다. 언제나 책을 읽는 그녀의 모습에 관심을 가지게 되었고, 다리를 심하게 절지만 아름다운 그녀의 영혼을 바라보면서 자신이 멀쩡한 육체로 절뚝거리며 살고 있다는 것을 깨닫게 되었습니다.

작은 기업체를 운영하는 부유한 아버지가 심하게 반대했지만, "아버지, 그녀의 다리 한쪽은 다른 한쪽보다 많이 짧지만, 그 짧은 다리조차 그녀의 고귀한 영혼을 부러워할 겁니다"라며 아버지를 설득했답니다. 아들에게 질

수밖에 없었던 아버지는 집을 얻어주겠다고 했지만, 아버지의 권유도 뿌리치고 셋방에서 신혼을 살게 되었습니다.

동화 속에 나올 것 같은 아담한 교회에서 바이올린과 첼로, 피아노 반주에 맞춰, 신부는 근처 사진관에서 빌려온 빛바랜 웨딩드레스를 입고 신랑은 유행이 지난 양복을 입고 결혼식을 올렸습니다.

멘델스존의 음악이 흐를 때, 기쁨과 감격의 눈물을 흘리던 친구의 모습을 잊지 못합니다. 그리고 결혼식 전날 신부에게 보낸 편지를 우연히 보게 되었는데 참으로 감격스러웠습니다.

"나는 내일, 이제껏 성치 못한 다리로 비틀거리며 세상을 끌고 온 당신의 손을 잡고 하나님 앞에 걸어가 고개 숙여 맹서할 겁니다. 늘 기쁨으로, 사랑하는 당신의 한쪽 다리가 되겠다고, 만일 그러지 못하면 당신과 한마음이 될 수 있도록 차라리 내 다리 하나를 절게 해달라고."

이들의 모습을 보면서 사랑의 힘을 느끼게 됩니다. 그런데 과연 당신의 아들이 다리 저는 여자와 결혼하겠다고 한다면, 과연 아름다운 사랑의 이야기라고 말할 수 있을까요? 당신의 자녀가 전혀 어울리지 않는 누군가와 짝이 된다고 할 때, 그것을 감사함으로 받아들일 수 있을까요? 아름답다고 생각하는 것과 그것을 실제로 품고 살아가는 것이 얼마나 다른지 우리는 잘 압니다.

그러면 무엇이 문제일까요? 왜 우리는 하나님과 동일한 관점을 가지지 못하는 것일까요? 우리가 지금까지 배워온 것은 너무나도 합리적이고, 이

성적인 기준이었습니다. 옳고 그름으로만 판단했지, 하나님이 사랑하시는 사람에 대한 사랑과 뜨거운 가슴이 없었습니다.

《예수를 전염시키는 사람들》이라는 책에 보면 빌 하이벨스 목사님이 하나님의 음성을 들으면서 도전을 받았던 내용이 나옵니다.

목사님은 매일매일 운동하러 다니는 헬스클럽에서 머리가 벗겨지고 키가 작은 정말 볼품이 없는 남자를 만났습니다. 그는 그곳에서 일하는 사람으로, 인도에서 이민을 왔고 가진 것이 없는 사람이었습니다.

많은 면에서 두 사람은 대조적인 삶을 살고 있었습니다. 여러 날을 보고 인사하며 지나치다, 목사님이 성경책을 선물했을 때, 코란을 선물할 정도로 종교적으로도 맞지 않는 사람이었습니다.

그런데 어느 날 너무나 슬픈 표정을 짓고 있는 그의 모습을 보았을 때, 목사님의 내면에서 갈등이 일어났습니다. 성령님의 음성은 "네가 가서 그 사람을 품어주어라!"라는 것이었고, 자아는 "나는 평소에 남자들에게 친절한 사람이 아니며, 저 사람은 하나님을 적대시하는 종교를 가지고 있는 사람이다"라고 말했습니다.

하지만 내면에서 성령님이 계속해서 그 사람을 안아주라고 말씀하셨고, 목사님이 그 말씀에 순종하자 그 사람은 목사님의 어깨 위에 눈물을 흘렸습니다. 자신을 버리고 떠나간 아내와 자식으로 인한 아픔 가운데 주님을 영접하게 된 것입니다.

뜨겁게 가슴으로 안아주기에는 너무나 다른 사람이라고 생각했던 그 사람을 하나님은 구원하길 원하셨습니다. 합리적인 이성의 판단은 절대 그 사람을 안아주지 못하게 합니다. 그러나 하나님의 은혜와 사랑은 그런 사람도 품어주라고 말합니다.

우리는 하나님을 믿고 구원에 이르려면 어떤 자격이 있어야 한다고 생각합니다. 전도할 때 흔히 듣는 말 중의 하나가 "교회 다니려면 술과 담배를 끊어야 하지요?"입니다.

교회를 다니려면 끊어야 한다고 생각할지 모르지만, 저는 예수를 믿는 데는 그런 조건이 필요하지 않다고 생각합니다. 교회를 다니는 데는 제사가 걸리고, 음주가 걸리고, 세상의 죄악이 걸릴지 모르지만, 예수를 믿는 데는 그 어떤 것도 장애가 되지 않습니다. '우리가 예수를 믿는데 이 정도는 되어야 하지 않습니까? 이 정도 자격은 되어야 하지 않습니까?'라고 생각한다면 자신의 의를 자랑하는 바리새인들과 다를 바가 없으며 하나님의 명령이 싫어 도망간 요나와 다를 것이 없습니다.

하나님의 사랑은 불변의 사랑입니다. 우리의 있는 모습 그대로 받으시기를 원하시는 사랑입니다. 따라서 우리 마음속에 허락되지 않는 그 어떤 사람도 하나님의 사랑에서는 제외될 수 없습니다.

■■ 사랑을 위해 희생하라

왜 우리가 믿지 않는 사람들을 예수님께 초대해야 합니까? 그것은 그들의 삶에 혁신적인 변화를 기대하기 때문입니다. 하나님의 말씀이 들어갈 때 일어날 놀라운 일을 기대하기 때문입니다.

월로우크릭 교회의 빌 하이벨스 목사님은 전도할 때 가장 큰 스릴을 느낀다고 했습니다. 전도한 그 한 사람으로 말미암아 하늘나라에서 잔치가 벌어질 것을 기대하기 때문이요, 그의 삶에 일어날 놀라운 변화를 기대하기 때문이라고 합니다.

2005년에 월로우크릭 교회를 방문했을 때 느낀 것 중의 하나가 바로 그런 것이었습니다. 그 교회는 철저하게 예수 믿지 않는 사람을 중심으로 만들어진 교회였습니다. 들어가는 순간부터 믿지 않는 사람들이 가장 편안하게 느낄 수 있도록, 믿지 않는 사람들이 교회를 잘 알 수 있도록 안내 데스크를 만들어두었습니다. 저는 개인적으로 그 교회를 무척 사랑하고, 그 교회의 정신을 좋아합니다.

그런데 가만히 생각해보니까, 1993년에 시카고의 게렛신학교에서 공부하던 시절, 이단이라고 규정하던 교회가 바로 그 교회였습니다. 이유는 그 교회에는 십자가도 없고, 주일에 예배를 드리지 않는다는 것이었습니다. 언젠가 그 교회의 사역자를 만나 이야기를 들었는데, 예수 믿지 않는 사람들이 가장 교회에 쉽게 올 수 있는 날이 언제일까를 의논하다가 주일 오전이라는 결론을 내리게 되었다고 합니다. 그래서 주일 오전 예배를 불신자들을 위한 소위 열린 예배(Seeker's Worship)로 드리기 위해 자신들은 모이기 어려운 수요일과 목요일에 모이기로 결의했다는 것입니다. 주일에 봉사하기 위해 희생을 감수한 것이지요. 믿지 않는 사람들을 초청하기 위해 자신들의 예배 형식을 희생한 것입니다.

데니 & 리사 벨레시가 쓴 《기적을 나누는 교회》에 이런 말이 나옵니다.

> 희생은 의미 있는 삶의 첫 번째 특징이다. 희생은 더 높은 대의를 위해 개인적으로 비용을 치른 소중한 보물을 포기하는 일이다. 이런 종류의 베풂은 사랑에서 비롯된다. … 하나님의 백성이 주님의 영광과 다른 사람들의 유익, 그들의 기쁨을 위해 진정으로 희생하고자 하는 열망을 품는다면 간증은 끝없이 이어질 것이다.

변화를 기대하기에 기꺼이 희생하는 것입니다. 그리고 이러한 희생을 통하여 하나님의 역사가 일어납니다. 우리에게 필요한 것은 완전한 사람을 초대하는 것이 아니라 아주 불완전한 사람을 하나님께로 초대하는 것입니다. 그다음의 변화를 기대하면서 말입니다.

가지가 포도나무에 붙어 있어서 열매를 맺는 것처럼
우리도 주님과 함께할 때 열매를 맺을 수 있습니다.
즉, 우리 삶의 성공과 실패 여부는
하나님과의 관계에 있다는 것입니다.

MANNA METHODIST CHURCH

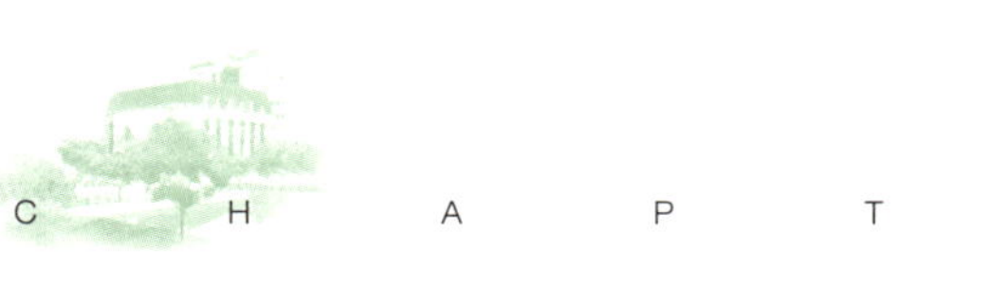

하나님과의 관계를 회복하라

■■ 나는 하나님과 어떤 관계를 맺고 있는가

언젠가 곽선희 목사님의 설교에서 들었던 이야기입니다. 곽선희 목사님이 개인적으로 양심의 가책을 느낀 경험이 있었답니다. 고향에서 이웃사촌으로 지내던 친동생 같은 4대 독자 청년이 있었는데, 얼마나 귀하게 자랐는지 제멋대로 방탕하게 살았고 대학을 다니면서는 술을 먹고 불량한 친구들과 어울려 다니며 등록금을 탕진하기도 했습니다.

그러다가 이 청년이 이렇게 살아서는 안 되겠다고 결심하고 친구 관계를 정리하기 위해 군대를 가게 되었습니다. 일선에 배치받아 강한 훈련을 받다가 첫 휴가를 나왔습니다. 그런데 오랫동안 군대에 갇혀 있다 나와서 그런지, 다시 친구들과 술을 마시고 놀기 시작했습니다.

그러던 어느 날 목사님에게 찾아와 돈을 달라고 하더랍니다. 이유인즉 휴가 기간 중 정신없이 놀다 보니 귀대할 날이 사흘이나 지났는데 가면 맞을까 봐 돈으로 해결하려 한다는 것이었습니다. 그동안 목사님이 많이 도와주었더니 이번에도 한 번만 도와달라며 계속 졸랐다고 합니다. 부모님께 자초지종을 이야기해도 "네 말을 어떻게 믿냐?"라면서 돈을 주지 않는다는 것이었습니다. 그래서 목사님도 "나도 너를 안 믿는다" 하고는 돈을 주지 않았답니다. 그 청년은 그대로 부대에 들어가서 매를 많이 맞았고, 유서를 써놓고는 결국 자살하고 말았습니다.

목사님이 후회되는 것은 그의 마지막 말이 진실이었는데 그것을 믿어주지 못했다는 것입니다. "휴가증 좀 보자!"라고 했으면 진실을 알 수 있었을 텐데, 그 소리 한 번 하지 못하고 믿어주지 못해서 친동생 같은 청년이 자살한 것입니다. 아마도 그 청년은 맞은 것 때문이 아니라 아무도 믿어주지 않은 것에 대한 슬픔, 자신의 존재가치에 대한 회의 때문에 아팠을 것입니다. 아무도 자신을 믿어주지 않는다는 것이 얼마나 불행하고 슬픈 일입니까?

신뢰가 깨지는 것은 관계의 끝을 의미합니다. 과연 우리는 하나님과 어떤 관계를 맺고 있습니까? 교회가 소망이 되기 위한 지침 다섯 번째는 '하나님과의 관계를 회복하라'는 것입니다.

저는 이것을 스티커의 메시지 6가지 원칙 중 네 번째인 '신뢰성'과 연관하여 생각해보았습니다. 《스틱》에서는 신뢰성을 설명하면서 이렇게 묻습니다. "사람들은 어째서 특정 메시지를 믿는가?"

믿음직한 권위를 가진 전문가 집단 또는 유명 인사나 동경의 대상이 말하는 것이라면 기꺼이 그 말을 믿을 뿐 아니라 그 길을 따른다는 것입니다. 그래서 저는 우리가 하나님의 권위를 인정하고 신뢰한다면 모든 깨어진 관계가 회복될 수 있겠다는 결론을 내리게 되었습니다.

크리스천의 가장 강력한 능력과 힘은 하나님과의 관계에서 나옵니다. 《해로운 믿음》에서는 우리가 '하나님과의 관계'라는 이름으로 다른 사람들과의 깨어짐, 혹은 우리가 받는 고통을 정당화하려는 경향이 있다고 말합니다. 하지만 하나님과의 관계 회복은 다른 모든 사람과의 신뢰 회복을 의미하는 것입니다. 하나님과의 관계 때문에 깨어지는 것이 신앙이 아니라, 하나님과의 관계 때문에 회복되는 것이 신앙이라는 말입니다. 하나님은 우리에게 완전함을 요구하시지 않습니다. 단지 불완전함 가운데서 우리가 하나님을 닮아가는 삶을 살아가기를 원하실 뿐입니다.

■■ 나 자신을 먼저 신뢰하자

하나님과의 관계를 살펴보기 전에 내가 바라보는 나의 모습은 어떤지 알 필요가 있습니다. 스스로 자신을 얼마나 믿을 수 있다고 생각하십니까? "내 마음을 나도 몰라!"라는 것이 솔직한 대답 아닐까요? 우리는 수없이 "할 수 있다!"라고 반복해보지만, 실패를 경험할 때마다 자신에게 실망합니다. 이렇듯 실패를 경험하며 자신에 대한 신뢰를 상실한 사람들은 스스로에 대한 불만으로 가득합니다.

우리를 힘들게 하는 사람이나 원수를 만나 수용하고 살아가기도 참으로 어려운 일인데, 자신을 원수로 생각하며 산다면 얼마나 더 어려울까요?

중요한 것은 나에 대한 생각이나 불만이 늘 다른 사람에게 투사된다는 사실입니다. 자신을 사랑하고 믿는 사람은 다른 사람을 믿고 신뢰하지만, 자신을 믿지 못하는 사람은 상대방도 신뢰하지 못하는 경우를 종종 봅니다. 사실 다른 사람을 대하는 나의 태도는 나 자신을 대하는 태도와 일치합니다.

우리 옛말에 "며느리가 시어머니를 욕하며 닮아간다"라는 말이 있습니다. 더욱 심각한 문제는 사람들 대부분이 자신이 가진 문제를 알지 못한다는 사실입니다. 왜 내가 그 사람을 보며 분노하고, 왜 그 사람을 용서하지 못하며, 왜 믿지 못하는지 알지 못합니다. "내 마음을 나도 몰라!"라고 말하지만, 이 모든 것이 바로 우리 자신을 바라보는 거울이라는 것을 인정해야 합니다. 상처를 받은 사람은 다른 사람에게 상처를 줍니다. 문제는 어떻게 나 자신을 신뢰하며 살아갈 수 있느냐 하는 것입니다.

내가 나를 보면 가능성이 없습니다. 나 자신이 내 삶의 원수일지도 모릅니다. 그러나 하나님을 믿고 따르면 다른 대답을 얻습니다. 내가 계획한 삶이 아니라 하나님이 계획하신 삶 앞에서 우리는 다른 인생을 만납니다.

■■ 하나님과의 대화를 회복하라

주님은 우리의 포도나무가 되시고, 우리는 그 나무에 붙어 있는 가지입니다. 가지가 포도나무에 붙어 있어서 열매를 맺는 것처럼 우리도 주님과 함께할 때 열매를 맺을 수 있습니다. 즉, 우리 삶의 성공과 실패 여부는 하나님과의 관계에 있다는 것입니다.

하나님과 어떤 관계가 형성되어 있습니까? 혹시 삶에서 하나님의 기준과 불일치됨을 느끼며, ‘하나님과의 멀어짐’ 혹은 ‘죄책감’을 느끼지는 않습니까? 포도나무에서 떨어진 가지처럼 말라죽을 것 같은 절망감을 느낍니까? 때로는 하나님이 멀고 무관심해 보일지도 모릅니다. 그러나 하나님은 절대로 우리에게 무관심하시지 않습니다. 절대 멀리 계시지도 않습니다.

2007년 8월호《낮은 울타리》의 주제는 ‘35초’였습니다. 과연 이 ‘35초’가 무엇을 의미할까요? 문자 한 통 보내는 시간? 자판기 커피 나오는 데 걸리는 시간?

올챙이 뒷다리가 나오는 데 45일, 병아리가 알을 깨고 나오는 데 21일, 봉숭아 새싹이 돋는 데 일주일, 배추를 맛있게 절이는 데 5시간 35분, 계란을 삶는 데 12분, 공중전화에서 70원으로 통화하는 데 3분, 팝콘이 튀겨지는 데 2분 40초의 시간이 걸립니다. 그렇다면 부모와 자녀의 하루 평균 대화 시간은 얼마나 걸릴까요? 바로 ‘35초’(공부해라! 밥 먹어라! 일찍 들어와라! TV 끄고 그만 자! 일어나서 학교 가! 학원 가라!)입니다.

《낮은 울타리》에서는 ‘35초’라는 제목으로 자녀와 부모 간, 부부간에 대화하는 시간이 없어서 의사소통의 문제가 생긴 가정에 대해 다루고 있었습니다.

우리 삶에서 하나님이 무관심해 보이고, 하나님을 향한 신뢰가 깨어졌다면 그 이유는 단 하나입니다. 바로 하나님과의 대화가 단절되었기 때문입니다. 아니, 하나님과 대화하는 시간이 없어졌기 때문입니다.

하나님에 대한 신뢰가 생기면 다른 사람과의 관계에 있어서도 변화가 일어납니다. 하나님이 내 안에 계시고, 내가 하나님 안에 있으면 나를 통해 이루실 하나님의 역사를 기대하게 됩니다. 그리고 내 안에 계신 하나님의 눈으로 이 세상을 바라보며, 내가 만나는 사람들을 바라볼 수 있는 눈을 가지게 됩니다.

■■ 하나님처럼 주변 사람들을 믿어주자

우리는 하나님 안에서 우리 자신에 대한 신뢰를 발견하고 소망을 찾았습니다. 그런데 문제는 나 자신에 대한 불신만이 아니라 다른 사람들에 대한 불신도 관계를 깨뜨리는 중요한 요소가 된다는 것입니다. 그래서 하나님께서 얼마나 보잘것없는 인생을 택하셔서 사명자로 사용하시는지를 보여주셨습니다.

제가 미국에 살 때 처음에 이해할 수 없었던 것 중의 하나가 '신용제도'였습니다. 그 나라는 돈 있는 사람이 자기 돈을 마음껏 쓰는 것보다 돈 없는 사람이 규모 있게 돈 쓰는 것을 훨씬 믿는 나라입니다.

예를 들어서 한국 사람이 미국에 가서 차와 집을 한 번에 산다면, 분명히 돈이 많은 것입니다. 그러나 은행에서는 그런 사람을 믿지 않습니다. 오히려 은행에 빚을 지고 꾸준히 정해진 시간에 갚아나가는 사람을 신뢰합니다. '신용카드(credit card)'라는 것이 바로 그런 제도입니다. 믿기 때문에 돈을 안 받고 물건을 먼저 주는 것입니다. 그리고 약속한 날짜에 돈을 갚는 것입니다. 물건을 살 수 있는 신용카드의 한도가 처음에는 아주 적은 금액으로 출발합니다. 그러나 약속을 하나하나 지키다 보면 그 액수가 점점 커지게 됩니다.

저는 유학생 신분이었지만, 한국에 나올 때는 10만 달러를 쓸 수 있는 카드를 받았습니다. 왜냐하면 차를 살 때도, 집값을 낼 때도, 등록금을 낼 때도 꾸준하게 카드를 사용했기 때문입니다.

그런데 하나님도 보잘것없는 사람들에게 기회를 주신다는 것입니다. 하지만 신용제도와는 달리, 하나님은 우리가 실망스러운 모습을 보이고 하나님의 뜻을 저버리더라도 기대를 걸고 끝까지 참고 기다리십니다. 베드로가 예수님을 세 번씩이나 부인하고 옛 생활로 돌아가 있는 순간에도 절대 포기하지 않으셨습니다. 위대한 믿음의 사람 다윗이 하나님을 떠나 범죄하는 순간에도 그를 포기하지 않으시고 그가 회개하기를 끝까지 기다리셨습니다. 아브라함이 하나님의 부르심을 받고 가나안을 향해 출발했을 때에도, 그리고 그가 계속 실수하고 때로는 불신앙적인 행위를 할 때에도 끝까지 믿어주시고 신앙인으로 만들어가셨습니다. 이러한 하나님의 방법은 모든 하나님의 사람에게 동일하게 적용됩니다.

하나님과 신뢰 관계가 형성되면, 우리 주변에 있는 사람들에 대한 기대가 충만해집니다. 그리고 하나님이 우리를 신뢰하시는 것만큼 다른 사람을 신뢰할 수 있으며, 하나님께서 참아주시는 것만큼 우리도 참게 됩니다. 하나님의 눈으로 우리 앞에 있는 모든 사람을 바라볼 수 있다는 것입니다.

사실 잘 아는 사람, 특히 장점과 단점을 모두 아는 사람을 신뢰한다는 것은 결코 쉬운 일이 아닐 것입니다. 그런데 중요한 것은 신뢰 관계를 가진 사람들에 의해 좋은 사역자들이 만들어진다는 사실입니다.

제가 만나교회의 목사가 됐을 때, 많은 사람이 우려했던 것이 바로 이 '신뢰'에 대한 부분이었습니다. 만나교회의 장로님들이 훌륭하다는 이야기를 듣는 이유 중의 하나가 여기에 있습니다. 제가 담임목사가 됐을 때, 만나교회에는 40여 분의 장로님이 계셨습니다. 모두 저희 아버님과 같은 목회 세대요, 그중에는 제가 아주 어렸을 때부터 저의 모습을 지켜보신 분들도 있었습니다. 그런데 그분들이 저를 담임목사로 신뢰하고 믿어주셨습니다. 다른 사람들을 만나면 만나교회의 담임목사인 저에 대해 자랑스럽게 말씀해주셨습니다. 오늘 제가 목회할 수 있는 이유가 있다면 많은 사람에게 믿음과 신뢰를 받았기 때문이 아닐까요?

다른 사람을 향한 기대는 우리에게 많은 상처를 주고 실망을 줍니다. 어떤 경우에는 우리를 분노하게 만듭니다. 이럴 때 우리는 어떻게 해야 할까요? 다른 사람에게도 동일하게 나에게 임했던 은혜가 필요함을 고백할 수 있어야 합니다. 다른 사람들이 내게 잘못할 때 하나님이 공의를 행하실 것을 진정으로 믿는다면 우리는 복수심에 우리의 정신적 에너지를 쏟지 않아도 됩니다. 용서하지 못하는 마음에서 일어나는 복수심은 나의 잘못된 성품을 드러내게 하고, 내 영적 자원을 고갈시킬 것입니다. 하지만 내 필요를 채워주실 하나님을 기대하게 된다면 다른 사람들이 나를 저버린 것 때문에 그렇게 실망하지도 않을 것입니다.

하나님께 신뢰받고 있는 우리가, 나 자신에 대한 신뢰감을 가질 뿐만 아니라 다른 사람들을 끝까지 믿어주고 신뢰할 수 있다면 얼마나 멋진 세상이 되겠습니까?

하나님은 절대로 우리를 버리시거나 떠나시지 않습니다. 단지 우리가 하나님을 떠날 뿐입니다. 저도 하나님처럼, 성도들을 끝까지 포기하지 않는 목사가 되면 좋겠습니다.

"세상 사람이다. 그래!"라는 말을 할 때
"하지만 하나님의 사람은 달라!"라고 말할 수 있어야 하지 않겠습니까?
우리가 세상과 구별된 삶을 살 때,
하나님께서 우리를 구별하시는 역사가 일어납니다.

Manna
Methodist Church

감동을 주는
크리스천의 삶을 살라

■■ 감동이 있는 크리스천의 삶

조안나 위버가 쓴 《마르다의 세상에서 마리아의 마음 갖기》라는 책에 나오는 이야기입니다. 마하트마 간디는 "크리스천들이 그들의 믿음대로만 산다면 인도에 더 이상 힌두교인들이 없을 것입니다"라고 말했다고 합니다. 처음에 간디는 그리스도의 사상에 매료되었습니다. 그러나 크리스천들을 만나고 나서 실망했다고 합니다.

불행하게도 세상은 이와 똑같이 느끼는 사람들로 가득 차 있는 듯합니다. 사람들은 그리스도의 생각에 관심을 가지다가도 그분의 자녀에게 실망하고는 뒤로 물러납니다. 우리는 이렇게 항의할 수 있습니다.

"사람들을 보지 마세요! 예수님을 보세요."

그러나 그 말이 맞다 할지라도 다음과 같은 엄연한 사실은 남습니다. 싫든 좋든 간에 사람들은 오직 우리를 통해서 예수님을 본다는 것입니다. 무디는 그 사실을 이렇게 썼습니다. "백 명 가운데 한 명은 성경을 보고, 아흔아홉 명은 크리스천을 볼 것입니다."

교회가 소망이 되기 위한 지침 여섯 번째는 '우리의 삶에 감동이 있는가'라는 것입니다. 즉, '감동을 주는 크리스천의 삶을 사느냐'라는 것입니다. 저는 이것을 스티커의 메시지 원칙 6가지 중 다섯 번째인 '감성'과 연관하여 생각해보았습니다. 《스틱》에서 말하는 감성은 사람들이 각별히 여기는 무언가와 긴밀한 관계가 있음을 보여줍니다. 분석은 생각하게 하지만, 감정은 행동하게 한다는 것이지요. 즉, 상대방이 무언가를 느끼게 만들면, 저절로 행동하게 될 것이라는 이야기입니다.

사람들은 크리스천을 바라보고 있습니다. 진정한 믿음의 삶을 산다는 것은 특별한 삶을 살도록 부름받았다는 것입니다. 믿음의 삶은 편안하거나 편리한 삶이 아니라 '특별한 삶'을 추구합니다. 믿지 않는 사람들과 구별된 특별한 삶이 세상 사람들에게 감동을 줄 수 있습니다.

한 가지 이야기를 소개하려고 합니다. 이 이야기는 성경에는 나오지 않는 이야기입니다.

하루는 예수님께서 바쁘게 사역을 하시다가 제자들에게 "얘들아, 오늘 하루는 놀자"라고 선언하셨습니다. 그리고 산으로 제자들과 함께 소풍을 갔습니다. 예수님이 이유는 말씀하지 않으시고, "얘들아, 돌을 하나씩 가져가라"라고 말씀하셨습니다. 베드로는 어디에 쓸지 모르지만, 아주 큰 돌을 선택하였고, 가롯 유다는 조그만 돌을 선택하였습니다. 산으로 힘들게 올라가서 출출해지자, 예수님이 제자들을 모두 앉혀놓고 "얘들아, 배고프지? 기도하자!" 하시며 축사하셨습니다. 그러자 그 돌들이 빵이 되었다고 합니다. 그래서 베드로는 아주 배부르게 빵을 먹었고, 가롯 유다는 그렇지 못했습니다.

예수님이 내려가시면서 이번에도 이유를 설명하지 않으시고, "얘들아, 돌을 하나씩 들고 가자"라고 말씀하셨습니다. 그러자 이번에 베드로는 가벼운 마음으로 조그만 돌을 하나 선택하여 들고 내려갔고, 유다는 큰 돌을 선택하여 들고 내려갔습니다. 한참을 내려가다가 갈증을 느끼게 되자, 예수님이 포도밭을 보시고는 말씀하셨습니다. "얘들아, 목마르지? 그 돌을 던져서 포도를 따려무나!"

이 이야기를 보면서 어떤 생각이 드십니까? 때로 우리의 삶이 우직할 필요가 있다고 생각하지 않습니까? 저는 크리스천의 삶을 그렇게 생각합니다. 때로 이유를 알지 못할 때, 때로 피해가 온다고 생각할 때도 우직하게 책임을 지고 가는 삶, 이것이 크리스천의 삶이 아닐까요?

■■ 세상과 다른 존재로 살아가는 크리스천

언젠가 청년들과 함께 노아에 대한 말씀을 나눈 적이 있습니다. 노아의 삶을 떠올릴 때마다 그의 위대함이 우리에게 중요한 교훈을 준다고 생각합니다. 창세기 6장 9절에서 노아에 대해 이렇게 설명합니다.

"노아는 의인이요 당대에 완전한 자라…."

의와 완전은 세상과 동떨어진 곳에서 드러나는 것이 아니라 당대에 만연한 죄악 가운데서 찬란하게 빛을 발합니다.

하나님이 노아에게 이르시되 모든 혈육 있는 자의 포악함이 땅에 가득하므로 그 끝 날이 내 앞에 이르렀으니 내가 그들을 땅과 함께 멸하리라(창 6:13).

노아가 살던 시대가 얼마나 심각한 문제를 안고 있었는지를 웅변적으로 잘 말해주지 않습니까? 우리는 끝까지 참으시고 인내하시는 하나님의 성품에 대하여 압니다. 그런데 하나님께서 노아의 시대를 바라보시며 느끼신 심정에 대해 창세기 6장 6절에서는 이렇게 기록합니다. "땅 위에 사람 지으셨음을 한탄하사 마음에 근심하시고." 얼마나 마음이 아프셨을까요? 사람들이 하나님의 근심의 대상이 되어, 징계의 채찍을 들지 않고는 안 될 지경에 이른 것입니다. 그런 시대에 살면서 노아가 '의인으로서의 삶을 사는 것', '하나님의 길을 간다는 것'이 얼마나 힘들었을까요? 노아도 다른 사람들처럼 '관행'이라는 이름으로 죄를 범하며 살 수도 있었습니다. 하지만 죄악의 밤이 깊어지면 깊어질수록 의인은 정오의 빛같이 빛나듯이 노아는 끝까지 하나님의 말씀을 지켰습니다.

"세상 사람이 다 그래!"라는 말을 할 때 "하지만 하나님의 사람은 달라!"라고 말할 수 있어야 하지 않겠습니까? 우리가 세상과 구별된 삶을 살 때, 하나님께서 우리를 구별하시는 역사가 일어납니다.

이런 기사를 읽은 적이 있습니다. 지진과 해일이 일어나는 시간에 바다 깊은 곳으로 나가 스킨스쿠버를 즐긴 사람들이 있었습니다. 처음 기사에는 그들을 염려하는 소리가 있었습니다. 그들이 죽었을 것이라고 예측한 것입니다. 그런데 실상 그들은 엄청난 사고가 일어난 것조차 모르고 있었습니다. 바닷속은 조용했기 때문입니다. 그들은 바다에서 나와서야 도시 전체가 없어지고, 사방에 건축 자재와 시체들이 떠다니는 것을 보았습니다.

세상에 죄악이 아무리 가득 차도 하나님의 말씀과 은혜 속에 사는 사람이 살아야 하는 길이 있습니다. 죄악 가운데서도 행복하게 살아갈 수 있는 이유가 있습니다. 이 사실을 우리에게 알려주며 도전을 주는 한 가지 이야기를 소개합니다.

퇴근시간 즈음에 일기예보에도 없었던 비가 쏟아졌습니다. 사람들은 비를 피하기 위해 허둥지둥 뛰어다녔습니다. 나도 이 비를 피하기 위해 어느 건물의 좁은 처마 밑으로 뛰어들었습니다.

그곳에는 이미 나와 같은 처지의 청년이 서 있었습니다. 빗방울이 더 굵어지고 할아버지 한 분을 시작으로 중년 아저씨 한 분, 그리고 아주머니 한 분이 비좁은 틈으로 끼어들었습니다. 작은 처마 밑은 사람들로 금세 꽉 찼습니다. 비는 금방 그칠 것 같지가 않았습니다.

그런데 갑자기 뚱뚱한 아주머니 한 분이 이 가련하기 짝이 없는 대열로 덥석 뛰어들었습니다. 아주머니가 그 큼직한 덩치로 우리 대열에 끼어들자 그 바람에 맨 먼저 와 있던 청년이 얼떨결에 튕겨 나갔습니다. 그 청년은 비를 맞으며 어이없다는 표정으로 우리를 쭉 훑어보았습니다. 모두 딴 곳을 바라보며 모른 척하는데, 한 할아버지가 한마디 하셨습니다.

"젊은이, 세상이란 게 다 그런 거라네."

그 청년은 물끄러미 할아버지를 쳐다보더니 길 저쪽으로 뛰어갔습니다. 한 사오 분쯤 지났을까. 아까 그 청년이 비에 젖은 채로 비닐우산 5개를 옆구리에 끼고 나타났습니다. 그리고 사람들에게 하나씩 건네주며 이렇게 말했습니다.

"세상은 절대 그런 게 아닙니다!"

청년은 다시 비를 맞으며 저쪽으로 사라졌고, 사람들은 잠시 멍하니 서 있다가 청년이 쥐어준 우산을 쓰고 총총히 제 갈 길을 갔습니다. 그러나 "세상은 다 그런 거라네!"라고 말한 할아버지만이 한참 동안 고개를 숙이고 계시더니 우산을 바닥에 내려놓고는 장대비 속으로 사라졌습니다.

그렇습니다! 이렇게 다르게 사는 한 사람이 우리를 얼마나 행복하게 만들어줍니까? 세상과 조금 다른 존재로 살아간다는 것, 그렇게 살기 위해 진

지하게 고민한다는 것, 이것이 우리를 행복하게 해주지 않을까요?

저는 '우리가 완전하기 때문이 아니라 불완전함 가운데서 노력했기 때문에, 그리고 우리가 실패하지 않았기 때문이 아니라 실패 가운데서 가슴 아파하고, 하나님 앞에 너무 죄송해서 눈물을 흘릴 수 있었기 때문에 진정으로 행복하지 않을까?' 하고 생각합니다.

우리는 살면서 옳은 일인 줄 알지만 귀찮다는 이유로, 혹은 나에게 돌아올 불이익 때문에 얼마나 편리한 결정을 많이 합니까? 특히 우리에게 '관행'이라는 이름으로 다가오는 일들, 그것 때문에 얼마나 용기 없는 결정을 많이 했습니까?

《육일약국 갑시다》라는 책에 보면 이런 이야기가 나옵니다. 신앙인이자 목회자의 아들로 성장한 저자는 병사들이 휴가를 나갈 때마다 부대의 약을 가지고 가는 것을 지켜보아야 했습니다. 하지만 자신의 상관들이 그것을 멈추도록 할 방법이 없었습니다. 그러다가 그는 자신이 약을 가지고 갈 수 있는 위치가 되었을 때 그 악습의 고리를 끊기 시작했습니다. 그리고 그가 사람들을 말릴 수 있는 자리에 올라갔을 때 드디어 관행을 고칠 수 있었다고 고백합니다.

어쩌면 우리가 세상에서 어떤 영향력도 발휘할 수 없고, 사람들에게 조롱거리가 되며 이상한 사람으로 취급받을 수도 있습니다. 그러나 누군가 편리함이 아닌 옳은 일을 위해 악습의 고리를 끊지 않으면 어떤 변화도 일어나지 않을 것입니다. 그래서 우리의 인생, 하나님이 함께하시는 사람의 삶은 순간순간 용기 있는 선택이 필요합니다.

■■ 자신의 죄를 용기 있게 고백하는 크리스천

2006년 여름, 한국 사회에 커다란 반향을 일으킨 사건이 하나 있었습니다. 한국의 지성이라고 불리는 전 문화부 장관 이어령 교수가 세례를 받은 것입니다. 온누리교회에서 일본 선교를 위해 만든 '러브 소나타' 행사 중 동경 프린스파크 호텔에서 무릎을 꿇고 세례를 받았습니다.

철갑의 논리로 무장하고 기독교에 대한 비판의 글을 써왔던 사람, 누구에게도 무릎을 꿇어본 적이 없는 그가 그리스도 앞에 무릎을 꿇었습니다. 그가 하나님의 사람이 된 것은 그의 삶에서 '광야'를 만났기 때문입니다. 무서운 불뱀을 만났기 때문입니다. 그의 딸이 오랫동안 암으로 투병하며 시력을 잃어버릴 위기가 찾아오고, 자폐증을 앓던 손자가 치유되는 체험을 하면서 하나님을 인정하게 되었습니다. 이어령 교수는 인터뷰에서 이런 고백을 했습니다.

그렇습니다. 절망해보지 않은 사람은 절대로 영성을 가질 수 없습니다. 자기 파괴라는 극적인 것이 없이는 영성을 갖기 힘듭니다. 그래서 세속적으로 편안한 사람은 하나님을 받아들이기 힘든 것이죠. 이 땅에는 빛만 필요한 것이 아닙니다. 어둠도 필요합니다. 하나님은 빛과 어둠이 합쳐진 '그레이 존'(회색지대인 궁창)에서 만물을 창조하셨습니다. 빛과 어둠을 알아야 인간 한계를 초월해 영성의 세계로 갈 수 있습니다.

그는 스스로 젊은 시절의 사진과 지금의 사진이 달라 보인다고 말합니다. 또한 옛날에 자신이 썼던 글과 지금 쓰는 글이 달라졌다고 말합니다. 그는 이제 교만한 현자에서 따뜻하고 겸손한 현자가 되었습니다.

저는 이 세상을 정직하게 만들 수 있는 사람은 오직 크리스천이라고 생각합니다. 왜냐하면 자신의 삶을, 자신의 죄를 하나님 앞에서 용기 있게 고백할 수 있는 자만이 이 세상에서도 정직할 수 있다고 생각하기 때문입니다. 하나님께 우리의 죄를 고한다는 것이 얼마나 두려운 일입니까? 하나님 앞에서 솔직하게 내 더러운 모습을 드러낸다는 것이 얼마나 무서운 일입니까? 기도하면 할수록 하나님 앞에 용서를 구할 부분이 많아집니다. 하나님을 대면하지 않는 자는 하나님 앞에 고백할 것이 없습니다.

우리는 우리가 믿는 하나님과 기독교를 얼가나 이해합니까? 마르크스는 기독교를 민중의 아편이라고 했습니다. 오늘 이 시대의 유물론자들은 하나님을 믿는 자들을 '용기 없는 자, 연약한 자, 그래서 하나님을 의지해야 하는 존재'라고 조롱합니다. 그런데 진짜 용기 있는 사람들이 크리스천이라는 사실을 아십니까? 용기 있게 하나님 앞에 자신의 죄를 고하고 용서를 빌 줄 아는 사람들, 그래서 하나님 앞에서 솔직한 양심을 가지고 사람들 앞에 바로 설 수 있는 사람들이 크리스천입니다. 사실 세상의 많은 사람이 자신을 드러내고 하나님 앞에 자신을 내어놓을 용기가 없기 때문에 신앙을 가지지 못하는 것입니다.

인간이 모든 일을 계획할지라도
그 일을 이루시는 분은 하나님이시라는 것을 알아야 합니다.
내가 계획한 것보다 더 중요한 것은
내가 늘 하나님 편에 서 있는지, 하나님의 일을 하고 있는지
혹 내 일을 하지는 않는지를 돌아볼 수 있어야 합니다.

MANNA
METHODIST CHURCH

하나님 편에 서 있으라

■■ 하나님 중심적인 삶

《믿음은 행동이 증명한다》라는 책에서는 무신론자에 대해서 다음과 같이 정의합니다. "무신론자란 다른 사람의 얼굴에서 하나님의 형상 보기를 거부하는 자다." 예배 시간에 교회에 앉아 있어도, 우리 주변 그 누군가의 얼굴에서 하나님의 형상을 보지 못한다면 우리는 무신론자라는 것입니다. 하나님은 우리가 사랑할 수 없고, 용서할 수 없는 사람들의 얼굴에서도 하나님의 형상을 보기를 원하십니다. 그 사람의 얼굴에서 하나님의 형상이 보이기 시작할 때, 우리는 비로소 하나님의 사람이 되기 때문입니다.

우리가 하나님 편에 선다고 하는 것은 우리의 모든 것을 하나님께 맡기는 것을 의미합니다. 인간이 모든 일을 계획할지라도 그 일을 이루시는 분은 하나님이시라는 것을 알아야 합니다. 내가 계획한 것보다 더 중요한 것은 내가 늘 하나님 편에 서 있는지, 하나님의 일을 하고 있는지, 혹 내 일을 하지는 않는지를 돌아볼 수 있어야 합니다.

교회가 소망이 되기 위한 지침 일곱 번째는 '과연 우리가 하나님 편에 서 있는가'라는 것입니다. 저는 이것을 스티커의 메시지 6가지 원칙 중 여섯 번째인 '스토리'와 연관하여 생각해보았습니다.《스틱》에서 말하는 스토리는 메시지를 더욱 일상적이고 생활에 가까운 형태로 만들어 보여주라는 것입니다. 왜냐하면 스토리를 읽으면 머릿속에 그림이 그려지고, 스토리를 들을 때마다 그 내용을 시뮬레이션할 수 있기 때문입니다. 시뮬레이션이 효과적인 이유는 감정을 통제하고 시각화하여, 결과가 아닌 과정에 초점을 맞추게 하기 때문입니다.

제가 만나교회에서 청년부를 담당하면서 가졌던 꿈 중의 하나는 '도시교회가 농촌교회를 책임지고 살릴 수는 없을까?' 하는 것이었습니다. 특별히 전도사 시절을 보냈던 강원도 영월지역을 바라보면서 꿈을 품게 되었습니다. 그곳에는 교사가 없어서 주일학교를 제대로 운영하지 못하는 미자립 교회들이 있었는데 그들을 위해 인적 자원이 많은 우리 교회가 그 역할을 담당하면 좋겠다고 생각했습니다. 그리고 어쩌면 목회자들의 잦은 이동으로 교회에 대한 신뢰를 상실한 마을 사람들에게 신뢰감을 심어줄 수도 있겠다고 생각했습니다.

그래서 청년들과 함께 의료선교, 주일학교, 농촌봉사, 노방전도를 시작했습니다. 처음에는 공휴일을 사용하여 선교활동에 참여했는데, 얼마 지나지 않아 사역이 열매를 맺으려면 주일마다 정기적으로 하지 않으면 안 되겠다는 생각을 했습니다.

그런데 문제가 있었습니다. 주일에 청년들을 파송하려고 하니 예배 참석 문제가 걸린 것입니다. 물론 아침 일찍 드리는 첫 예배를 마치고 갈 수도 있습니다. 그러나 제가 인도하는 청년부 예배에 참석하게 되면 영월지역에서의 지속적인 선교활동이 불가능한 상황이었습니다. 그래서 결단을 해야 했습니다.

사실 예배참석 인원이 줄게 되었을 때 청년부 담당 목사로서 받게 될 평가가 두려웠습니다. 하지만 고민 끝에 아주 간단히 해답을 얻었습니다. 그것은 '내가 지금 하나님 앞에서 평가받는 사람이 될 것인가, 아니면 사람들에게 평가받는 사람이 될 것인가?'라는 질문에 어떤 답을 내릴지 결정하면 되었기 때문입니다.

교회가 교인들에 의해 평가되기 시작하면 본래성을 잃어버리게 됩니다. 교회는 철저하게 하나님 앞에서 그 사역을 검증받아야 합니다. 마찬가지로, 크리스천이라면 목회자나 다른 교인의 눈을 의식할 것이 아니라 철저하게 하나님 앞에서 검증받고 사역을 인정받아야 합니다. 그것이 하나님 중심적인 교회요, 하나님 중심적인 사람의 모습입니다.

마하트마 간디는 이런 말을 했습니다.

"하나님을 두려워하는 사람은 다른 아무것도 두려워하지 않으며, 하나님을 두려워하지 않는 사람은 다른 모든 것을 두려워한다."

왜 우리가 하나님을 두려운 마음으로 만나야 합니까? 하나님을 두려워하는 사람은 이 세상 어떤 것도 두려워하지 않으며, 하나님만을 바라보며 하나님의 길을 가기 때문입니다.

데이비드 매컬리스트 윌슨이 60세의 나이에 미국 워싱턴에 있는 웨슬리 대학의 총장으로 취임하면서 처음으로 한 일이 3명의 멘토를 세운 일이라고 합니다. 자신의 직분을 잘 감당하기 위해서 조언자가 필요했던 것입니다. 대학교 총장에 임명될 정도의 사람이라면 무슨 일에든 어느 정도 자신감이 있을 법한데, 그런 사람이 가장 필요로 한 것이 다른 사람의 조언이었다는 것입니다. 하지만 어느 누구도 그가 바보 같다거나 소심하다고 생각하지 않았습니다. 오히려 그를 참으로 훌륭한 사람이라고 말했습니다.

만약 우리 교회에 빌리 그레이엄이나 테레사 수녀, 릭 워렌 같은 영적 지도자들이 왔다고 합시다. 그러면 밖에 나가서 그분을 위해 식사를 준비하며 봉사하고 싶습니까, 아니면 그분의 말씀을 듣고 싶습니까? 물론 봉사하는 사람들이 필요합니다. 누군가의 희생이 필요합니다. 그러나 진정 우리가 존경하고 따르기를 원하는 사람이라면 무엇보다 먼저 그 말씀을 듣기 원할 것입니다.

교회에는 봉사하고 헌신하는 사람들이 많이 필요합니다. 그러나 그 헌신과 봉사가 주님의 음성을 듣고 따르는 것이 아니라면 자신의 의를 드러내는 일이 될 뿐입니다.

성경에 나오는 바리새인들, 회칠한 무덤과 같은 외식하는 자들은 봉사와 헌신을 내세우며 하나님의 음성과 뜻을 따르지 않았던 사람들입니다. 우리는 이런 사람들을 신앙인이라 부르지 않고 '종교인'이라고 부릅니다. 오늘

날 교회의 문제는 신앙인들보다 종교인들이 많다는 것입니다. 하나님을 믿는다고 온 사람들 가운데서 하나님의 뜻을 찾기가 어려우며, 하나님의 교회에서 너무나 많은 인간적인 방법이 난무하고 있습니다.

탕자의 비유를 가르치며 한 목사님이 이렇게 물었답니다.

"아버지를 떠난 탕자와 아버지 곁에서 일한 아들 중에 누구를 위하여 잔치를 베풀어줘야 할까요?"

그때 한 교인이 이렇게 대답했다고 합니다.

"목사님, 바로 그 점이 성경이 잘못된 점입니다. 당연히 큰아들을 위해 잔치를 베풀어야지요!"

큰아들은 당연히 상을 받아야 할 만큼 성실했습니다. 그는 자신의 자리를 잘 지키는 사람이었습니다. 그러나 아버지의 생각을 이해하지 못하는 사람이었습니다. 아버지가 사랑하는 것만큼 동생을 사랑하지 않는 아들이었습니다. 종교인은 되었지만, 하나님의 마음을 품은 신앙인은 아니었다는 말입니다.

굉장히 도전이 되지 않습니까? 우리의 판단과 남을 정죄하는 일을 하나님의 생각 앞에 내려놓아야 합니다. 하나님의 판단 앞에 서면 절대로 실패하지 않습니다.

다음의 세 사람 중 누가 지도자로서의 자격이 있다고 생각하십니까?

첫 번째 사람은 부패한 정치인들과 결탁한 전력이 있습니다. 이 사람은 두 명의 부인이 있으며, 하루에 8~10병의 마티니를 마시고, 줄담배를 피우는 사람입니다.

두 번째 사람은 두 번씩이나 회사에서 잘린 경력이 있습니다. 이 사람은 정오까지 잠을 자는 습관이 있습니다. 대학 시절에는 마약을 복용한 적이 있습니다. 하루에 위스키를 4분의 1병씩 마시는 사람입니다.

마지막 사람은 술과 담배는 입에 대지 않습니다. 채식주의자이며 한 여자에게 충실한 사람이었습니다. 또한 그는 전쟁의 영웅입니다.

누가 지도자의 자격이 있다고 생각하셨습니까? 그럼 이제 위의 세 사람이 각각 누구인지 말씀드리겠습니다. 첫 번째 사람은 프랭클린 루스벨트(Franklin Roosbelt), 두 번째 사람은 윈스턴 처칠(Winstern Churchill), 세 번째 사람은 아돌프 히틀러(Adolf Hitler)입니다. 우리의 판단이 얼마나 불완전합니까? 우리의 눈은 내면을 보지 못하며, 한 치 앞을 볼 수 있는 능력이 없습니다.

제가 미국에 있을 때 테니스를 무척 즐겼습니다. 주말이나 쉬는 날이면 실내 클럽에 가서 게임을 자주 했는데, 형과 한 팀이 되어 테니스를 치면 우리를 이기는 팀이 별로 없었습니다. 한번은 사람들이 형과 제가 테니스 치는 모습을 보면서 칭찬을 했습니다.

"어쩜 두 사람, 테니스 치는 모습을 보니 30대 같아!"

그때 제 나이가 29살, 저희 형이 36살이었습니다. 그런데 둘 다 머리가 벗겨졌기 때문에 본래의 나이로 보지 못한 것입니다. 우리 인간의 눈으로 보는 판단이라는 것이 늘 불완전하다는 것을 인정하시겠습니까?

하나님을 두려워하는 사람은 하나님의 눈으로 세상을 바라봅니다. 하나님의 생각이 우리의 생각보다 훨씬 높고 깊다는 것을 인정해야 합니다. 하나님 앞에 서면 일단 우리의 판단을 유보해야 합니다. 그리고 질문해야 합니다.

"하나님이 기뻐하시는 일인가요?"

"하나님이 원하시는 일인가요?"

우리의 인생과 타인의 인생을 바라볼 때도 우리의 판단에 기초하는 것이 아니라 하나님의 마음에 기초해야 합니다. 하나님께서 주시는 가능성의 눈으로 사람을 보아야 합니다. 하나님이 사랑하시는 사람에게 우리도 동일한 애정을 가져야 합니다. 실패하고 보잘것없어 보이는 계획일지라도 하나님이 기뻐하시는 일이라면 분명히 이루어질 것을 기대해야 합니다.

영국의 비평가요, 사상가인 존 루스킨(John Ruskin)이라는 사람이 멋있는 말을 했습니다.

모래와 흙과 불이 하나님의 장중에 붙잡히게 될 때 사파이어가 될 수 있다. 모래가 하나님의 손에 붙잡히게 될 때 오팔이 될 수 있다. 맨흙이 하나님의 장중에 붙잡히게 될 때 다이아몬드가 될 수 있다. 지금 그것이 무엇이냐가 우리 신앙인들에게 중요한 것이 아니라 지금 하나님이 그것으로 무엇을 하시고자 하는가가 문제이다.

■■ 우리의 마음을 어디에 둘 것인가

정은혜 씨는《가난을 핑계로 꿈을 버리지 마라》라는 책에서 자신의 이야기를 솔직하게 고백합니다. 가난한 목사의 딸로, 오빠들 틈에서 남자처럼 자라야 했던 그녀에게 친구와 학교는 늘 외로움의 그늘이었습니다. 하지만 그녀는 "외로움이 나를 더 강인하게 만든다"라고 말합니다.

이 책을 보면서 우리가 이 땅에서 하나님 편에 서서 살아야 한다는 것은 분명히 외로운 일이라는 생각을 했습니다. '왕따'가 되고 때로는 '집따'가 되기도 할 것입니다.

정은혜 씨는 가장 외로움을 느꼈던 곳이 교실이었다고 말합니다. 멍하니 창밖을 바라보다 눈물을 흘리곤 했다고 합니다. 매일 무언가를 배웠지만, 지식보다는 외로움을 책가방에 싸서 집으로 돌아오곤 했다고 합니다.

잠깐 그녀의 고백을 들어보겠습니다.

어릴 때는 미운 오리 새끼 취급을 받을까 봐 늘 염려했다. 그러다 보니 염려가 현실로 나타나기도 했다. 그러나 나의 정체성을 찾고 나서 집단에서의 내 위치는 180도 바뀌었다. 대학생이 된 이후로는 내가 속한 집단에서 대부분 리더가 되었다.

… 전화 거는 법을 배우고 싶어 대학을 졸업하고 나서 텔레마케터 일을 한 적이 있다. 하루에 100통씩 전화를 걸어 영어 교재를 팔았는데 우리 팀 여덟 명 가운데 나 혼자 여자였다. 그동안 사흘 이상 버틴 여자가 없었다고 했다. 한 시간마다 10분씩 주어지는 휴식 시간이면 남자들은 무리를 지어 나가 담배를 피우곤 했다. 그때마다 덩그러니 혼자 남아 자리를 지키는 나를 보고 하루는 팀장이 다가와 말했다.

"다 나가버리고 은혜 씨 혼자 왕따 됐네. 같이 나가서 노세요."

"팀장님, 전 담배 연기가 너무 싫어요. 그리고 전 왕따가 아니라 집따랍니다. 집단을 따돌리는 사람이요. 그러니 괜찮아요. 저는 제 길을 가니까 염려하지 마세요."

나는 미운 오리 새끼가 아니라 백조였다. 내 정체성을 찾자 더는 외롭지 않았다. 내가 미운 오리 새끼라고 생각했을 때는 다가오지 않던 사람들이 내가 백조라고 생각하자 나를 향해 다가왔다.

어린 시절 은혜 씨는 목회하는 아버지와 어머니 때문에 늘 혼자 있는 시간이 많았습니다. 혼자 만화방에서 시간을 보내거나 동네를 돌고, 때로는 지하철을 타고 다니면서 시간을 보내는 동안 무척 어색하고 외로웠다고 합니다.

그런데 어느 날 오빠가 이런 말을 했답니다.

"다른 사람 눈을 너무 의식하지 마! 사실 세상 사람은 아무도 네게 신경

쓰지 않아. 모두 자기 일에만 집중하고 있어. 어쩌다가 별생각 없이 '혼자 가네, 친구 없니?' 하고 물을 수는 있겠지. 하지만 그런 말 때문에 네 주관을 잃지는 마! 독수리는 혼자 다니지만, 참새들은 떼 지어 몰려다니잖아.”

그때부터 오빠의 말이 삶의 모토가 되었답니다.

“그래, 난 독수리야. 더는 남들 눈 때문에 나와 맞지 않은 아이들과 어울려 다닐 필요 없어. 정말 함께하고 싶은 사람이 나타날 때까지 혼자 이렇게 지낼 테야.”

결국, 인생은 우리의 마음을 어디에 놓고 살아가느냐의 문제가 아니겠습니까? 사도 바울은 골로새서 3장에서 우리의 마음을 어디에 놓아야 하는지를 말합니다. “위의 것을 생각하고 땅의 것을 생각하지 말라”(골 3:2). 당신은 위의 것, 하늘의 것을 생각할 때가 많습니까, 아니면 세상 것을 생각할 때가 많습니까? 아니, 다른 질문을 해보겠습니다. 당신은 위의 것과 땅의 것 중 어떤 것에 더 호기심이 많습니까?

유진 피터슨의 메시지 성경은 이렇게 표현합니다.

Your old life is dead, your new life, which is your real life is with Christ in God.

우리의 본성이 죽는다는 것은 진짜 본성이 죽는 것이 아니라 죄로 타락한 잘못된 옛 자아가 죽어야 한다는 것입니다. 우리 삶의 주인이 누구인지를 명확히 알아야 한다는 것입니다.

　　그러므로 우리의 삶에서 예수님의 주권을 인정하는 가장 명확한 증거는 나의 권리를 포기하는 것입니다. 죄로 뒤틀린 우리의 정욕대로 사는 권리를 내어놓는 것입니다. 그 권리를 포기하는 순간부터 '위의 것'을 생각하며 살아가게 됩니다.

　　"하나의 포도는 다른 포도를 만날 때 색깔을 바꾼다"라는 말을 아십니까? 포도원에서 한 송이의 포도가 익기 시작하면 다른 포도에 효소와 향기를 보내고 이것이 일종의 에너지 장을 형성하여 다른 포도도 그 에너지를 받아들이게 된다고 합니다. 다시 말해, 그 한 송이의 포도가 다른 포도를 향해 이제 변화하고 익을 때가 되었다는 신호를 보내는 것입니다. 마찬가지로 하나님 편에 서서 외로이 사는 한 사람 때문에 또 다른 누군가가 하나님 편에 서는 사람으로 만들어집니다.

어떤 교회가 진정한 교회일까요? 많은 일을 하여 교회의 이름을 드러내기보
하나님의 말씀을 좇아 옳은 일을 행하는 교회, 끊임없이 하나님의 마음을 이하
옳은 길을 가는 교회, 그래서 세상 사람들은 이해할 수 없는 엉뚱한 일을 하기도
늘 기대감이 있고 감사와 감격이 있는 공동체가 바로 진정한 교회이닐까
사람의 상식으로 이해되고 모든 인간의 합리성을 만족시키는 교회가 아니라 우
이성과 상식을 뛰어넘지만 하나님의 마음에 맞는 일을 위해 움직일 수 있는 교
런 교회에서 쓰임받는다면 상상만 해도 가슴이 뛰지 않습니까?

우리가 꿈꾸는 교회

우리가 가장 하기 싫었던 일이 하나님을 사랑하는 마음 때문에
기쁘게 할 수 있는 일로 변화되는 곳이 교회입니다.
바로 그런 교회를 통해 하나님이 일하시고,
풍성한 열매를 맺게 하실 것입니다.

MANNA
METHODIST CHURCH

■■ 교회의 미래에 대해 생각하다

어떤 사람이 시골 상점에 들어서다가 문에 "우험! 개조심!"이라는 글이 붙어 있는 것을 보았습니다. 상점 안에는 전혀 무섭지 않은 늙은 사냥개가 깊이 잠들어 있었습니다.

"조심해야 하는 개가 저건가요?"

"물론입니다."

"글쎄요, 제가 보기엔 전혀 위험해 보이지 않는데요. 저 경고문은 왜 붙였나요?"

"저 경고문을 붙이지 않으면, 사람들이 자꾸 개에 걸려 넘어지거든요."

레너드 스위트 교수가 쓴 《미래 크리스천》이라는 책에 소개된 이야기입니다. 스위트 교수는 미래에 걸려 넘어지지 않는 교회가 되도록 준비해야 한다고 역설합니다. 미래의 문턱을 넘지 못하면 교회는 주저앉고 말 것입니다.

제가 교회의 미래와 꿈에 대해 성도들이나 목회자들에게 이토록 자주 이야기하는 것은 단순한 교회 이야기가 아니라 우리 미래 이야기이기도 하기 때문입니다. 교회의 부흥은 우리 민족의 미래와도 연결되어 있다고 생각합니다.

우리는 왜 교회의 미래를 말해야 합니까? 백화점의 신상품을 구입하려면 언제 가야 할까요? 수영복은 봄에, 겨울 코트는 초가을에 분위기와 유행을 선점합니다. 오늘을 목표로 살아간다면 우리는 일상사에 얽매여 의미 있는 삶을 살 수 없습니다. 우리는 하나님의 부르심에 응답하는 교회가 되기 위하여 미래를 준비해야 합니다. 과거의 환상도, 현재의 분주함도 교회의 미래를 가로막지 말아야 합니다.

그러면 아주 중요한 문제를 제기합니다. 우리가 꿈꾸는 교회는 어떤 모습이 되어야 할까요?

■■ 하나님의 가슴을 뛰게 하는 일

언젠가 《뉴스메이커》라는 잡지에서 인터뷰 요청을 받았습니다. 제 개인적인 이야기에 대해서도 나누고 만나교회의 사역에 대해서도 여러 가지 질문을 주고받았습니다. 그런데 마지막 두 질문을 들으며 '교회'에 대해 많은 생각을 하게 되었습니다.

"만나교회가 다른 교회와 다른 점이 무엇입니까?"

"교회의 역할이 무엇이라고 생각하십니까?"

저는 만나교회에 대한 분명한 하나님의 계획이 있음을 믿습니다. 아니, 이 땅 위에 있는 모든 교회에 대한 하나님의 소원이 있음을 믿습니다. 그런데 중요한 것은 하나님의 소원에 대하여 반응하는 교회가 있고, 하나님의 소원과는 별개로 그들의 소원을 이루어가는 교회가 있다는 것입니다.

제가 기자에게 "우리 교회는 모든 교회가 하는 그런 일이 아니라 뭔가 새로운 일, 하나님의 가슴을 뛰게 하는 일을 하고 싶습니다!"라고 했더니, 이렇게 되물었습니다.

"그러면 이단 소리를 듣지 않을까요?"

그렇지 않아도 우리 교회는 흡연실을 만들고, 새로운 일들을 하는 것 때문에 사람들의 입에 오르내리고 있습니다. 그런데 저는 곧바로 이렇게 대답했습니다.

"예수님은 이 땅에 오셔서 수없이 많은 사람에게 이단 소리를 들으셨습니다. 그리고 그것 때문에 십자가를 지셨습니다. 그런데 그런 일들을 행하신 이유가 무엇인지 아십니까? 그것이 바로 하나님 아버지의 일이었기 때문입니다."

요한복음 5장 17절에서 이렇게 말씀합니다. "예수께서 그들에게 이르시되 내 아버지께서 이제까지 일하시니 나도 일한다 하시매." 이 말씀은 예수님께서 안식일에 베데스다 연못가에서 38년 동안 고생한 환자를 고치신 이후에 따지는 바리새인들을 향하여 하신 말씀입니다. 그러자 그들이 이런 반응을 보입니다. "유대인들이 이로 말미암아 더욱 예수를 죽이고자 하니 이는 안식일을 범할 뿐만 아니라 하나님을 자기의 친아버지라 하여 자기를 하나님과 동등으로 삼으심이러라"(요 5:18).

하나님의 아들이신 예수님은 아버지의 일을 행하기 위해서 이 땅에 오셨고, 분명한 자의식을 가지고 옳은 일을 행하신 것입니다. 하나님 아버지께서도 틀림없이 38년 된 환자를 불쌍히 여기시고 고쳐주셨으리라는 확신에서 말입니다.

저는 요즘, 우리 교회가 진짜 교회로서 존재한다면 이단 소리를 들을 수 있겠다는 생각을 합니다. 하나님 아버지와 연결되어 하나님의 일을 하는 교회는 그렇지 못한 교회들에게 조롱과 핍박을 받을 수 있기 때문입니다.

제가 만나교회 담임목사로서 사역을 시작하면서 《우리가 꿈꾸는 교회》라는 제목으로 책을 쓰고, 방송 특강을 하고, 만나교회에서 시리즈 설교를 할 때 택했던 본문이 사도행전 2장 42~47절의 초대교회 공동체의 모습이었습니다. 그들이 성령을 받고 하나의 아름다운 공동체를 이루며 하나님의 사역을 하는 모습을 우리도 꿈꾸자는 것이었습니다.

그런데 교회 사역을 하면 할수록, 그리고 그 아름다운 교회의 꿈을 이야기하면 할수록 힘들다는 것을 느끼게 되었습니다. "이런 일을 하자!"라는 것으로 사람들이 그렇게 쉽게 바뀌지도 않고, 그러한 일은 사람들을 쉽게 지치게 만든다는 것입니다. 절대 교회는 일로 하나님의 사역을 하는 것이 아니라는 생각이 들었습니다.

그리고 그런 고민을 가지고 기도하던 중, 아주 강력하게 하나님께서 저에게 주신 말씀이 바로 요한복음 15장이었습니다. 우리가 잘 알고 있는 것처럼 〈사도행전〉은 성령의 역사가 일어나는 교회의 사역에 관한 말씀입니다. 그런데 성령이 무엇인지를 가장 명확하게 설명하는 것이 바로 〈요한복음〉입니다. 우리가 〈요한복음〉과 성령의 원리를 이해하지 못하고 일한다면, 하나님이 아닌 일 중심적인 교회가 될 수 있습니다.

참 놀라운 일은 하나님의 말씀을 통해 교인들과 함께 신앙의 기본을 이야기할 수 있도록 하나님께서 인도하셨다는 것입니다. 저는 이것 때문에 가슴이 뛰었고, 우리 교회가 가야 할 길이 무엇인지를 분명하게 보여주시는 것 같았습니다.

포도나무 농장의 주인이신 하나님, 영어성경에는 'gardener'라고 표현합니다. 즉, 우리를 방치하시는 분이 아니라 우리가 풍성한 열매를 맺도록 가지를 치시고, 돌보시는 분이라는 것입니다. 그리고 하나님 앞에 교회와 우리 자신을 맡기라고 하십니다. 우리를 맡긴다는 것은 소극적인 것이 아닙니다. 우리를 만들어가시는 하나님의 '가드닝(gardening)'에 가장 민감하고 분명하게 반응하는 교회가 되라고 하십니다.

저는 우리 교회가 이단 소리를 듣는 것을 염려하지 않습니다. 우리를 이단이라고 말하는 사람들도 우리의 열매를 보면 알게 될 것이기 때문입니다. 예수님께서 아무리 군중에게 이단이라고 몰려 십자가에 달리셨어도, 하나님의 일을 하셨기에 복음을 이루시지 않았습니까? 하나님의 일을 하는 것은 두려운 일이었지만, 십자가를 지는 결단을 하시기 위해 감람산에서 땀방울이 핏방울이 되도록 기도하셨고, 결국 하나님의 뜻에 순종하시지 않았습니까? 그리고 그 하나님의 역사가 오늘도 계속되고 있습니다.

우리가 하나님의 사역 앞에 반응하는 것이 결코 쉬운 일이라고 생각하지 않습니다. 정말 고민하며 기도하고 결단해야 하는 일일 것입니다. 하지만 역사가 분명히 이야기할 것입니다.

역사가 무엇입니까? 'His-story' 즉, 하나님의 이야기입니다. 우리가 하나님의 일을 위해 헌신하고 결단했던 것을 하나님의 이야기로 적어가게 될 것입니다. 우리의 후손이 하나님의 역사를 증거하게 될 것입니다. 정말로 가슴 뛰는 일이 아닙니까?

■■ 하나님과 연결되어 있는가

예수님께서는 포도나무 비유를 통해 관계성에 대하여 아주 명확하게 말씀하십니다. 예수님이 참 포도나무라는 말은 예수님과 연결되지 않으면 포도를 맺을 수 없다는 것입니다. 하나님 아버지가 농부라는 말은 우리가 예수님과 연결되어 있으면 그것을 가꾸고 열매 맺게 하는 일은 하나님이 도와주실 것이라는 약속의 말씀입니다. 농부의 뜻은 어떻게 해서든지 풍성한 수확을 만들어내는 것이기 때문입니다.

그러므로 교회가 풍성한 열매를 맺는 것은 너무나 당연한 일입니다. 하지만 포도나무와 연결되지 않은 가지에 대해서는 농부이신 하나님이 관심을 갖지 않으십니다. 그래서 교회는 끊임없이 이런 질문을 해야 합니다.

"우리 교회는 예수님과 어떤 관계를 맺고 있는가?"

"예수님이라면 과연 이런 일을 하셨을까, 아니면 막으셨을까?"

하나님 아버지를 믿는다면 우리의 환경과 우리가 가진 자원을 가지고 묻지 않을 것입니다. 왜냐하면 농부이신 아버지께서 알아서 돌보실 것이기 때문입니다. 그런데 우리의 물음은 정반대입니다. "예수님이라면?"이 아니라 "우리의 능력이라면?" 하고 묻는다는 것이지요.

예수님께서 이 땅에 오셔서 행하신 일을 보십시오. 예수님은 독단적인 일을 행하신 것이 아니라 이미 구약을 통해 예언된 일을 행하셨습니다.

> 주의 성령이 내게 임하셨으니 이는 가난한 자에게 복음을 전하게 하시려고 내게 기름을 부으시고 나를 보내사 포로 된 자에게 자유를, 눈먼 자에게 다시 보게 함을 전파하며 눌린 자를 자유롭게 하고 주의 은혜의 해를 전파하게 하려 하심이라 하였더라(눅 4:18~19).

이 말씀은 이미 이사야를 통해 예언되었던 것입니다. 즉, 하나님의 꿈을 이루시는 예수님의 사역이라는 말입니다.

저는 만나교회의 역사를 살펴보면서, 우리 교회를 세우신 하나님께서 그분의 뜻을 너무나 명확하게 이루어가신다는 것을 느꼈습니다. 처음 만나교회는 잠실 벌판에 천막을 치고 세워졌습니다. 그리고 그 교회를 세우신 김우영 목사님에게 하나님께서 말씀을 주셨습니다. 광야와 같은 이 세상에서 '만나'를 주는 교회가 되라는 꿈이었습니다. 이 시대는 물질이나 먹을 것이 없어서 갈증 나는 것이 아니라 하나님의 말씀이 희귀한 때이지 않습니까? 진리가 사라져버리고 인간적인 가치관과 이기심이 넘치는 세상입니다. 만나교회는 그런 강퍅한 세상에서 만나를 주는 교회가 되라는 사명을 가지고 세워졌습니다. 그래서 '만나교회' 하면 다음과 같은 가슴 뛰게 하는 하나님의 말씀이 생각납니다.

> 수고하고 무거운 짐 진 자들아 다 내게로 오라 내가 너희를 쉬게 하리라(마 11:28).

> 내가 너희에게 분부한 모든 것을 가르쳐 지키게 하라 볼지어다 내가 세상 끝날까지 너희와 항상 함께 있으리라 하시니라(마 28:20).

만나교회의 핵심은 '와야 하는 이유가 있는 교회'였습니다. 하나님께 나아가기만 하면 그분께서 쉼을 주실 것이기 때문입니다. 그리고 세상으로 나갈 용기와 이유가 있었습니다. 하나님께서 함께하실 것이기 때문입니다. 그렇게 만나교회가 세워졌고, 잠실에서 송파로, 그리고 분당으로 옮겨오면서 성장해가기 시작했습니다.

그런데 인간의 계획으로는 설명할 수 없는 방법으로 김우영 목사님의 아들인 제가 만나교회를 담임하게 되었습니다. 저는 미국에서 선교학을 공부하면서 가슴에 품었던 꿈이 있었습니다. 교회 중심적인 교회가 아니라 하나님 중심적인 교회에서 목회하고 싶은 소망이었습니다. 그런데 한국에 나온 저에게 주어진 환경은 늘 아버지의 아들이라는 꼬리표가 붙어 있었고 당시 여러 교회에서 '세습'이라는 말로 비난의 소리가 있었기에, 과연 이곳이 내가 서야 할 자리가 맞는지 수없이 고민했습니다.

그리고 만나교회를 떠나서 꿈을 이루어보리라는 결심을 하고 있었을 때 예기치 않은 일이 일어났습니다. 광야에서 만나를 주는 생명력 있는 교회가 되라는 부르심에 부응하지 못해서였을까요? 김우영 목사님은 교단의 정치와는 무관한 분이셨는데 주변 사람들의 부추김으로 교단장 선거에 나가게 된 것입니다.

솔직한 신앙고백입니다. 아마도 아들이기에 이런 이야기를 할 수 있을 것 같습니다. 당시 상황은 선거를 치르지 않아도 교단장이 되는 절차를 밟고 있었습니다. 그런데 신기하게 하나님께서 각으셨습니다. 선거를 일주일쯤 앞두고 아버님이 뇌경색으로 쓰러지신 것입니다.

중환자실에서 회복되는 동안 아버님은 기도하시면서 교단장 자리를 깨끗하게 포기하셨습니다. 하나님이 원하시는 일이 아니라고 생각하셨기 때문입니다. 그런데 참으로 불쌍하고 무서운 것은 병원까지 와서 부추기는 사람들이 있었다는 것입니다. 하나님의 일하심과는 관계없이 정치적인 목적과 기득권 때문에 휠체어 타고 선거에 나가기만 해도 당선될 수 있다고 말하는 사람이 있었습니다. 저는 그때 아무리 목사나 장로라도 하나님과 연결되어 있지 않은 자들이 직분을 받으면 저렇게 변질될 수 있다는 무서움을 느꼈습니다. 결국 아버님은 요양을 떠나셨습니다. 그리고 회복되기에는 불가능한 것 같은 상황에서 교인들에게 메시지를 보내셨습니다.

당시에 저는 교회를 떠나려는 생각으로 《우리가 꿈꾸는 교회》라는 책을 썼습니다. 제가 목회를 한다면 그런 목회를 하고 싶다고, '모이는 이유가 있고, 흩어지는 이유가 있는 교회'를 꿈꾼다고 말했습니다. 그리고 제가 만나교회 담임이 되었습니다. 적어도 저는 만나교회를 향한 하나님의 계획이 있었다고 믿습니다. 하나님은 교회를 회복시키셨고, 교회를 세우실 때 사용하신 김우영 목사님도 회복시키셨습니다. 그래서 교회 창립자가 쓰러짐으로 크게 상처받은 만나 교인들도 회복되었습니다.

만나교회의 꿈을 이야기하며, 아니 제가 꿈꾸는 교회의 모습을 이야기하며 너무나 놀란 사실이 있습니다. 제가 품었던 꿈이, 제가 하고 싶었던 목회에 대한 소원이 사실은 저의 소원이 아니라 하나님의 소원이었고 만나교회를 세우실 때 하나님이 가지고 계셨던 계획이라는 사실입니다.

저는 늘 하나님 중심적인 교회가 되기 위해서는 하나님을 예배하는 사람들이 모여야 한다는 것을 강조했고, 하나님을 예배하며 하나님을 경험한 사람들만이 훈련된 제자가 되어 세상을 섬기기 위해 흩어질 수 있다고 주장했었는데, 그 모든 것이 하나님의 뜻이었습니다.

그렇게 해서 만들어진 것이 만나교회의 슬로건과 비전 선언문입니다. 그때는 그것을 제가 만들었다고 생각했었는데 몇 년의 시간이 흐른 후, 그것을 만드신 이가 '성령님'이셨다는 것을 고백하게 되었습니다. 성부·성자·성령, 그리고 예배 훈련 섬김의 균형 잡힌 사역이 만나교회를 세울 때 주신

'모이는 교회, 흩어지는 교회'의 비전과 전혀 다르지 않다는 것을 알게 되었습니다.

하지만 교회가 성장하면서 하나님 보시기어 제가 좀 못마땅하셨던 것 같습니다. 아마도 제가 하나님의 열매를 맺는 것보다는 교회 성장에 관심을 가지고 있었던 것을 아신 모양입니다. 하나님은 제게 2년 반 동안 건강의 문제로 어려움을 겪게 하셨고, 하나님이 함께하시지 않으면 인간의 수고가 얼마나 헛된 것인지 깨닫게 하셨습니다. 인간의 욕망을 채우는 것은 하나님의 뜻을 이루는 것과는 분명한 차이가 있다는 것을 알게 하셨습니다.

그 후 하나님은 더욱 구체적인 하나님의 계획을 보이기 시작하셨습니다. 조금은 추상적인 것 같았던 '모이는 교회, 흩어지는 교회'에 대한 실천 사항을 주신 것입니다. 그리고 참 포도나무인 예수님과 연결되어 있는 우리 교회가 해야 할 일이 무엇인지, "이것이 교회다!"라고 말하며 신앙고백할 수 있는 것이 무엇인지를 고민하게 만드셨습니다.

저는 2010년에 처음으로 성지순례를 다녀오면서 함께하시는 하나님을 명확하게 경험했습니다. 예루살렘 성지는 예수님을 믿지 않는 사람들에 둘러싸여 있었습니다. 십자가의 길을 올라가는 주변에서는 이슬람 교도들의 기도 소리가 들렸습니다. 그리고 예수님의 흔적이 있는 곳곳에 장사하는 사람들이 진을 치고 있었습니다. 예수님께서 십자가에 달리신 사건이 그들에게는 단지 삶을 영위하는 장사 수단으로 변화해버린 것 같았습니다.

예수님의 고민과 사역의 현장이 지금도 그대로 재현되는 듯했습니다. 그래서 교회에 대한 본질을 생각하게 하셨습니다.

"하나님 아버지의 뜻을 묻는 교회가 되어라!"

"성령님께 길을 묻는 교회가 되어라!"

"예수님과 늘 교통하는 교회가 되어라!"

■■ 하나님의 눈으로 바라보는 교회

어떤 것이든 기본은 일맥상통하는 법인 모양입니다. 얼마 전 황형택 목사가 쓴 《기도의 기본으로 돌아가라》는 책을 읽었습니다. 그 책에서 이런 질문을 던지더군요. 우리가 늘 외우는 주기도문에 "하나님의 뜻이 이루어지기를"이라는 말이 있는데, 정말 우리는 하나님께서 우리를 다스려주시기를 원하느냐고 말입니다. 저는 이렇게 바꿔 묻겠습니다. 우리 교회는 하나님의 뜻에 의해 다스려지고 있습니까? 다시 말해, 우리 교회는 하나님의 비전을 가지고 있습니까?

언젠가 《사랑의 왕진가방》의 저자 박세록 장로님을 통해 몽골 사람들의 시력이 4.0까지 나온다는 신기한 이야기를 들었습니다. 고작해야 2.0의 시력을 가지고 있는 우리에게는 그런 시력이 어느 정도인지 상상도 되지 않습니다. 중요한 것은 그들이 어떻게 그런 좋은 눈을 가지게 되었느냐는 것입니다. 일설에 의하면 몽골 사람들은 태어나면서부터 넓은 초원과 끝없이 펼쳐진 지평선을 바라보며 자랐기 때문에 눈이 좋아졌다고 합니다.

여기에서 저는 분명한 하나의 진리를 발견했습니다. 멀리 보는 사람이 많이 본다는 것입니다. 다른 사람들보다 크게 생각하는 사람들이 큰 것을 얻는다는 것입니다. 남들과 다른 것을 보는 사람들이 다른 일을 할 수 있다는 것입니다.

뉴욕 애버뉴와 13가 사이에 '존 키니(John Kinny)'라고 불리는 정부 건물이 있다고 합니다. 기릴 만한 인물의 이름을 따서 정부 건물을 짓는 것이 미국 전통 중의 하나입니다. 그 빌딩 이름의 주인공은 미 법무부에서 근무하는 최고령 검사입니다. 1951년부터 60여 년 동안 대통령 12명, 법무장관 27명이 바뀌었지만, 그는 여전히 법무부 검사 차관보 자리를 지키고 있습니다. 그래서 검사들 사이에서 그는 '살아 있는 전설'이라고 불립니다.

존 키니는 언젠가 인터뷰에서 이런 질문을 받았습니다.

"대형 법률회사에서 일하는 동료들과의 봉급 차이에 대해 어떻게 생각하십니까?"

그가 대답했습니다.

"법무부 검사의 위대한 점은 옳은 일을 한다는 것입니다. 그것은 어떤 대가로도 얻을 수 없는 보상입니다."

그의 사명은 어떤 대가로도 얻을 수 없는 보상이었던 것입니다. 세상의 기준으로 보면 그는 위대한 성공을 이룬 사람이라고 할 수 없습니다. 하지만 그는 세상적 가치로 무언가 대단한 일을 했기 때문이 아니라 옳은 일을 위해 살았기 때문에 참으로 위대한 사람이라고 할 수 있습니다.

그렇다면 어떤 교회가 위대할까요? 많은 일을 하여 교회의 이름을 드러내기보다는 하나님의 말씀을 좇아 옳은 일을 행하는 교회가 위대하지 않을까요? 끊임없이 하나님의 마음을 이해하며 옳은 길을 가는 교회, 그래서 세상 사람들은 이해할 수 없는 엉뚱한 일을 하기도 하여 늘 기대감이 있고 감사가 있고 감격이 있는 공동체가 바로 진정한 교회 아닐까요? 사람의 상식으로 이해되고 모든 인간의 합리성을 만족시키는 교회가 아니라 우리의 이성과 상식을 뛰어넘지만 하나님의 마음에 맞는 일을 위해 움직일 수 있는 교회, 그런 교회에서 쓰임을 받는다면 상상만 해도 가슴이 뛰지 않습니까?

《기도의 기본으로 돌아가라》는 책에서 박광수 씨의 《서툰 사람들》에 나오는 '사랑, 그 미친 짓'이라는 글을 소개했는데 무척 인상적이었습니다.

사랑에 빠지면 좋은 것이 많습니다. 하지만 그 반대로 나쁜 것도 많습니다. 사랑하는 사람이 생기면 내가 먹고 싶은 것만 먹기가 힘들어집니다. 내가 좋아하는 만화가게도 가기 힘들고, 일요일에 좋아하는 야구를 하는 것도 눈치가 보입니다. 쉬는 날 늘어지게 낮잠 자기도 눈치가 보입니다. 오랜 친구들과 마주 앉아 밤늦게 소주 한 잔 기울이는 일도 힘들어집니다. 일도 손에 잘 안 잡히고, 생활 리듬도 깨지기 일쑤이지요. 어디 그것뿐입니까? 늘 조바심으로 마음을 애태우고 전에 없던 의심병도 생깁니다. 혼자 있을 때보다 지출도 많아지고, 훌쩍 떠나는 혼자만의 여행은 더더군다나 쉽지 않습니다. 그래서 늘 사랑이 끝날 땐 스스로에게 다짐합니다. 그 미친 짓을 또 해? 그런데 우리는 아무래도 진짜 미쳤나 봅니다. 그런 굳은 다짐을 잊은 채 또 사랑에 빠져드니 말입니다.

아마도 사랑을 해본 사람들이라면 이 미친 짓이 이해가 되지 않을까요? 적어도 우리가 하나님의 마음을 알고 행하는 사람들이라면 세상 사람의 눈으로 볼 때 조금 미친 것 같은 그 일이 얼마나 귀한지 이해가 가지 않을까요? 편한 것, 우리가 원하는 것을 꿈꾸는 교회가 아니라 하나님의 마음과 비전을 꿈꾸는 교회가 진짜 교회입니다.

조금이나마 하나님의 마음을 이해할 수 있었던 일이 있습니다. 우리 교인들의 헌금과 남양유업의 협찬으로 대방동에서 출산용품을 나누어주는 일을 한 적이 있습니다. 아침부터 나와 봉사한 사람들의 얼굴에는 뿌듯한 표정이 엿보였습니다. 그런데 그들을 보는 순간 제 가슴이 찡했습니다. 그리고 제가 하는 말을 이해하지 못하는 다문화 가정의 임신부들을 보면서 이 일이 하나님이 기뻐하시는 일이겠다는 생각이 들었습니다. 누가 알아주지 않아도 아름다운 일에 헌신한다는 것 자체만으로 귀하지 않습니까?

성경에는 참 멋진 말씀이 많습니다. 그중의 하나가 히브리서 11장 8절에서 믿음의 사람 아브라함에 대하여 증거하는 부분입니다. "갈 바를 알지 못하고 나아갔다!" 아브라함처럼 단지 우리가 믿는 것이 있다면, 우리를 부르신 이가 하나님이라는 사실, 부르심에 응답하면 열매를 맺게 되리라는 것입니다(요 15:16).

교회의 핵심은 아버지의 이름으로 구하는 모든 것을 다 이루게 하시리라는 약속입니다. 따라서 하나님의 음성을 귀 기울여 들으면 교회가 할 일이 분명해집니다. 우리가 교회에 대하여 이야기할 때는 나의 생각을 말하는 것이 아니라 "하나님의 생각이 이렇습니다!"라고 말할 수 있어야 합니다.

저는 강단에서 이렇게 선포하고 싶습니다.

"저보다 교회를 위해 많이 기도하고, 하나님의 음성을 듣기 위해 기도하는 사람들의 말을 듣겠습니다. 하지만 저보다 하나님의 뜻을 따라 살기 위해 노력한 흔적이 없다면 저를 따라오십시오!"

혹시 하나님의 뜻을 따라가는 것이 불안하다고 생각하십니까? 기도의 사람 조지 뮬러를 생각하십시오. 그는 5만 번의 기도 응답을 받았다고 하는데 그 비결이 중요합니다. 그는 "나는 기도할 때, 100% 하나님을 신뢰했다"라고 말합니다. 기도는 하나님께 문제를 가지고 나오는 것이지만, 문제에 대한 해답을 100% 하나님께 일임하는 것이기도 합니다.

교회는 사명을 놓고 고민하는 공동체가 아니라 사명 앞에서 하나님을 전적으로 신뢰하는 공동체입니다. 그래서 교회가 하나님의 일을 할 때는 쉽게 포기하거나 부정적인 말을 하지 않습니다. 하나님의 교회에는 무슨 일을 하든지 기쁨이 우선합니다.

제가 개인적으로 제일 좋아하는 말씀 가운데 하나가 시편 37편 4절의 말씀입니다.

여호와를 기뻐하라 그가 네 마음의 소원을 네게 이루어주시리로다.

교회에서 일어나는 모든 일은 하나님을 사랑하고 기뻐하는 사람들, 우리를 향한 하나님의 뜻을 전적으로 신뢰하는 사람들을 통해 이루어집니다.

존 맥스웰 목사님은 고등학교 때부터 연애를 해서 결혼했는데, 고등학교 때 집에서 맡은 일 중 가장 하기 싫은 일이 설거지였다고 합니다. 그래서 틈만 나면 도망가서 데이트를 했는데, 공교롭게도 여자 친구의 집에 가면 그 친구 역시 집에서 설거지를 하고 있을 때가 많이 있었다고 합니다. 그런데 집에서 설거지를 하지 않으려고 도망갔다가 여자 친구 옆에서 하게 된 설거지는 신기하게도 즐거움과 기쁨의 설거지였다는 것입니다. 즉, 목사님에게 여자 친구가 기쁨의 대상이었기에 가장 하기 싫었던 설거지도 기쁨이 된 것입니다.

우리가 가장 하기 싫었던 일이 하나님을 사랑하는 마음 때문에 기쁘게 할 수 있는 일로 변화되는 곳이 교회입니다. 바로 그런 교회를 통해 하나님이 일하시고, 풍성한 열매를 맺게 하실 것입니다.

하나님의 사랑이 드러나는 곳에 하나님의 뜻이 있고,
그 사랑을 통해 하나님이 어떤 분이신자 드러납니다.
무엇보다 교회에서는 우리를 사랑으로 채우시는
하나님의 이야기가 드러나야 합니다.

MANNA
METHODIST CHURCH

12

아버지의 뜻을 묻는다

■■ 보잘것없는 것을 사용하시는 하나님

2010년 칸 영화제에서 레드카펫을 밟은 여인이 있습니다. 영화의 조연을 맡았던 윤여정 씨입니다. 현지에서 발행되는 《할리우드 리포터》는 그녀에 대하여 이렇게 평했습니다.

"영화 속 가장 복잡한 역할을 맡아 압도적인 연기를 선보였다."

그런데 정작 그녀는 감독과 주연이었던 까마득한 후배 전도연 씨에게 공을 돌렸습니다.

"임상수 감독이 연출을 잘했다는 뜻이겠지요. 어릴 때는 감독과 논쟁하는 게 잘하는 건 줄 알았는데 도연이 보니까 감독이 죽으라고 하면 죽겠더라고요. 그걸 보면서 '내가 재만 못하구나!' 하는 생각이 들어 많이 배웠습니다.”

“감독이 죽으라면 죽겠더라고요”라는 말이 참 인상적이었습니다. 사실 전도연쯤 되는 대배우라면 감독에게 시비도 걸고, 대들 수도 있을 텐데 말입니다.

개척교회 시절, 아무것도 없던 때에는 교회가 할 수 있는 일이 없었습니다. 너무나 무능력해 보였습니다. 그래서 기도할 수밖에 없었습니다. 교회를 향한 하나님의 뜻을 물을 수밖에 없었습니다.

위인들을 보면 어렸을 때부터 비범하다는 공통점이 있습니다. 그런데 성경에 나오는 위대한 인물들을 보면 하나같이 볼품없습니다. 하나님께서 쓰시지 않았다면 정말 가치 없는 인물이 될 뻔한 사람들입니다. 여기에 신앙의 역설이 있습니다.

하나님은 아버지의 뜻을 구하는 사람과 교회를 쓰십니다. 그런데 사람이든 교회든 능력이 생기고 명성도 날리게 되면 하나님의 손길이 필요없다고, 하나님이 아니어도 혼자서 할 수 있다고 생각하게 되는 것 같습니다. 이것은 참으로 위험하고 무서운 일입니다.

우리가 흔히 하는 이야기 중에 ‘가문(家門)이 좋다’라는 말이 있습니다. 좋은 가문에는 좋은 조상들이 있습니다. 아버지의 아버지, 또 그 아버지의 아버지가 가진 좋은 생각들이 이어져 내려옵니다. 육신의 가문은 언제든지 끝날 수 있습니다. 하지만 영적인 가문은 하나님 아버지의 지배하에 있는 한 결코 변하지 않습니다.

이 말은 교회에 대하여도 마찬가지입니다. 소위 영적인 아버지라는 담임

목사 혹은 교회의 리더에 의해 교회가 성장하기도 하고 중요한 일을 감당하기도 합니다. 우리가 수없이 "교회는 하나님의 것이다!"라고 선포하면서도 인간적인 교회의 모습을 보이게 되는 것은 너무나 사람 중심적이기 때문입니다. 진정한 교회가 되려면 하나님 중심적으로 생각하고 일하는 리더들이 많이 있어야 합니다.

■■ 하나님의 혼이 있어야 한다

우리는 진정한 교회가 되는 가장 기본적인 원리가 무엇인지를 성경에서 찾아야 합니다. 성경은 우리가 변치 않는 아버지의 지배하에 있다고 말씀합니다. 그러면 아버지의 지배하에 있다는 것이 무엇을 의미할까요?

첫째는 하나님 아버지의 '혼(魂)'이 있어야 합니다. 켈로그 경영대학원 교수인 필립 코틀러는 소비자의 혼을 움직이는 마케팅이 필요한 시대가 되었다고 말합니다. 좀 생소한 말일지 모르지만, '마케팅 3.0'이라는 용어가 교회의 존재를 생각하게 하는 말이라는 생각이 듭니다.

코틀러 교수에 의하면 마케팅 1.0은 소비자의 '머리'에 호소하는 것으로 제품의 품질만 호소하면 팔 수 있었다는 것입니다. 마케팅 2.0은 '감성'을 자극하는 방식으로, 이 제품을 사용하면 인기 있는 스타들을 닮아갈 수 있다는 식의 감성 마케팅입니다. 마케팅 3.0은 사람들의 '영혼'에 호소하는 방식으로, 자신에게 어떤 유익을 주는 것보다 환경과 사회에 유익을 주는 제품이 좋다고 홍보하는 것입니다.

전통적인 교회에서는 '마케팅'이라는 용어 자체에 거부감을 느낄지 모르지만, 저는 교회에서도 사용되어야 할 단어라고 봅니다. 아무리 좋은 물건을 만들어도 좋은 것을 증명하지 못하면 소용이 없지 않습니까? 우리는 하나님께서 우리에게 주신 복음의 탁월성을 인정하지만, 만약 복음을 세상 사람 누구도 알아주지 못한다면 소위 마케팅에 실패한 것이 아닐까요?

마케팅 3.0 시대에 "복음을 마케팅하라!"라는 구호를 외쳐본다면 어떨까요? 사람들에게 "복음이 좋습니다. 예수를 믿으세요!"라는 말이 어떤 영향력도 없다면, 그리고 "예수를 믿으세요. 누구누구처럼 위대해질 수 있습니다!"라는 말에 세상 사람들의 마음이 움직이지 않는다면, 그들의 영혼을 움직이고 그들이 복음을 받아들일 최고의 마케팅은 무엇인지 고민해야 한다고 생각합니다.

지난 2009년 윌로우크릭 교회에서 열린 리더십 콘퍼런스에서 라이프 교회 크렉 그로쉘 목사의 강의를 들은 적이 있습니다. 그는 현재 미국에서 영향력 있는 목회자이며, 라이프 교회는 방송을 통해 여러 캠퍼스에서 동시에 예배를 드리는 교회로, 자율성을 중시하는 것으로도 유명합니다.

그는 교회를 시작하면서 이런 물음을 던졌다고 합니다.

'다른 모든 교회가 하기 때문에 우리 교회도 해야 하는 것 말고, 또 다른 모든 교회가 하지 않기 때문에 우리도 하지 않아도 되는 일 말고, 오직 우리 교회만 해야 하는 일은 무엇인가?'

저는 이것이 영혼을 움직이는 복음을 마케팅하는 교회가 되는 데 가장 적절한 질문이라고 생각했습니다. 한국교회에 위기가 온 것은 복음을 듣지 못한 사람 때문이라고 생각하지 않습니다. 교회에 사람들이 더 오지 않는다고 해서 복음의 탁월성이 손상되거나 훼손되는 것은 더더욱 아닙니다. 문제는 사람들을 구원하는 복음의 본질이 사람들의 영혼을 움직이도록 전하는 복음 마케팅에 실패했기 때문입니다.

어느 날 북유럽을 방문했다가 강가를 거닐며 혼자 묵상하는 시간을 가졌습니다. 탁월한 사역을 하는 교회, 눈이 휘둥그레질 만큼 아름다운 건물을 가진 교회 등은 목회자라면 누구나 한번쯤 꿈꿔봤을 교회의 모습일 것입니다. 그런데 그런 것이 교회 밖에 있는 사람들의 영혼을 움직일 수는 없을 것이라는 생각이 들었습니다.

왜냐하면 사람들이 더 많이 모이고, 더 재미있고, 더 편안한 좋은 건물은 세상에도 얼마든지 있기 때문입니다. 우리 교회가 그 자리에 있음으로 세상의 영혼들에게 감동을 줄 수 있어야 하지 않을까요? 복음이 그들 안에 들어갔을 때 일어날 수 있는 유익을 알려줘야 하지 않을까요?

스스로에게 이렇게 물어보았습니다. '지금까지 내가 꿈꾸던 교회가 하나님의 꿈과 동일한가? 우리 교회가 그렇게 하고 싶어 하는 일이 세상 사람의 영혼을 움직일 만한 일인가?'

그래서 한국교회를 향해 이런 화두를 던지고 싶습니다.

"세상 사람의 영혼을 움직일 수 있는 복음을 마케팅하십시오!"

둘째, 진정한 교회가 되려면 하나님 아버지의 돌보심이 있어야 합니다. 포도나무의 비유가 가장 명확하게 교회의 본질을 보여주는 것은 그 관계의 명확성 때문입니다. 요한복음 15장 1절을 보겠습니다. "나는 참 포도나무요 내 아버지는 농부라." '농부'라는 단어에서 어떤 느낌을 받으십니까? 아마도 영어로는 'gardener(원예사)'라는 말이 더 적절할 것 같습니다. 우리를 아름답게 바라보시며 사랑스러운 손길로 만지시는 하나님을 상상해보십시오.

하나님의 피 값을 주고 사신 교회이므로 교회가 아픔을 당할 때면 아버지의 마음이 가장 많이 아프실 것입니다. 또한 교회가 아버지의 돌보심을 받지 않으려고 하면 아버지의 마음이 무척 서운하실 것입니다.

교회에 문제가 생기는 것은 하나님 아버지가 교회를 떠나셨기 때문이 아니라 교회가 아버지의 품을 떠났기 때문입니다. 이 땅 위에 존재하는 어떤 공동체도 완전하지 않습니다. 교회 역시 예외가 아닙니다. 하지만 하나님 아버지의 돌보심 가운데서 좀 더 나은 공동체를 만들어갈 수는 있습니다. 우리를 향한 아버지의 손길을 분명하게 믿고 신뢰하십시오.

저는 교회를 생각하며 이런 느낌이 들었습니다. '때로 우리 교회를 바라보며 가장 가슴 아파하시고, 힘들어하실 분이 우리 아버지시겠구나! 교회가 상처받고 손가락질을 받을 때 더 힘들어하실 분이 우리 아버지시겠구나! 때로 우리가 죽고 싶을 만큼 수치스러울 때 그것을 다 참고 받아내시는

분도 우리 아버지시겠구나!'

그런 아버지를 생각하는 교회가 진정한 교회 아닐까요? 아버지를 생각하는 교회라면 어떠한 고통 가운데서도 다시 일어설 수 있습니다. 혹시 지금 아무 문제가 없기 때문에 하나님이 필요 없다고 생각하고 있습니까? 늘 우리와 함께 계시는 그분 때문에 가장 든든한 공동체를 이루어갈 수 있다는 것을 믿어야 합니다.

뿐만 아니라 다른 교회를 향해 세상 사람들이 손가락질하며 쓰라린 상처 위에 더 아픈 비난을 가할 때, 아버지가 베푸시는 긍휼의 마음으로 감싸줄 수 있는 교회가 되어야겠습니다.

■■ 하나님의 직접적인 다스림이 있어야 한다

셋째, 진정한 교회가 되기 위해서는 아버지의 직접적인 다스림이 있어야 합니다. 그런데 우리가 교회 안에 있다는 것은 이미 우리가 하나님의 가장 큰 은혜를 받은 존재라는 사실입니다. 은혜를 입은 자가 은혜에 반응하지 않는다면 분명히 하나님의 심판이 있습니다. 하나님이 우리에게 은혜를 주신 것은 은혜의 강물이 우리를 통해 흘러 나가기를 원하시기 때문입니다. 은혜를 흘려 보내지 않는 공동체에서는 은혜도 고약한 냄새를 풍기는 썩은 물에 불과합니다.

데보라 노빌이 쓴 《리스펙트》라는 책에 나오는 이야기를 소개하겠습니다. 어렸을 때부터 부모에게 관심을 받지 못하고 자란 캔디스라는 여성이 있었습니다. 가정에서 무시당한 그녀는 친구들에게도 따돌림을 당했습니다. 그리고 앞니가 벌어진 외모 때문에 사람들 앞에 나서거나 웃는 것을 꺼렸고, 늘 자신을 학대하며 살았습니다. 식당에서 웨이트리스로 일하면서도 다른 사람들처럼 상냥하지 못했고, 그 때문에 팁도 다른 웨이트리스에 비하면 형편없이 받았습니다.

그러던 어느 날 식당을 찾은 데이비드 박사가 농담을 해도 웃지 않고 이를 드러내지 않으려고 애써 입을 다무는 그녀에게 골드스타인 박사를 소개하며, 그분이 꼭 도와줄 수 있을 것이라고 했습니다.

골드스타인 박사는 치과의사이자 심리치료 전문가였습니다. 그녀가 어렵게 찾아와 상담을 시작하자 그녀의 과거가 얼마나 불행했는지, 그래서 얼마나 혼란 속에서 자신을 학대하며 방황했는지를 알게 되었습니다. 그는 자신을 방어하기에 급급했던 소녀의 모습을 치유하기 시작했습니다.

오랜 시간을 부정적인 자아와 싸우도록 했고 치아 교정과 함께 그녀의 생각을 바꾸어놓았습니다. 캔디스는 어느 날 거울을 보고 놀랐습니다. 입을 크게 벌리고 환하게 웃는 자신의 모습을 보았기 때문입니다. 어린 시절부터 자신을 감쌌던 상처로부터 벗어나는 순간이었습니다. 그리고 그녀는 대학에 진학해 회계학을 공부하고 새로운 인생을 살게 됩니다.

골드스타인 박사는 그녀에게 이렇게 말해주었습니다.

"스스로 존중하지 않으면 다른 사람으로부터 존중받을 수 없어요. 사람들은 자신의 모습을 감추려고 합니다. 그러다 보면 마치 도미노처럼 인생

전체가 부정적으로 변하고 말아요."

그런데 이 골드스타인 박사의 삶은 늘 행복하기만 했을까요? 유태인이었던 그는 반유대 정서가 강한 남부 조지아에서 늘 따돌림과 폭력에 시달리며 공포에 떨어야 했습니다. 그래서 그는 늘 빨리 뛰어야 했고 편견에 맞서 싸워야 했습니다. 그토록 어려운 시기를 보내던 어린 그에게 잊지 못할 사건이 있었습니다.

"친구 중 한 아이가 암에 걸려 죽어가고 있었어요. 마지막으로 자전거를 갖고 싶어 한다는 것을 알게 되었지요. 저는 이 친구에게 자전거를 선물하고 싶었습니다. 생각 끝에 공책을 팔아 모금을 하는 행사를 열었어요. 제가 다른 사람의 도움을 받았기 때문에 저 또한 남을 도와야 한다고 생각했습니다."

골드스타인 박사는 남을 돕는 것은 자기 자신을 돕기 위한 일이라고 강조합니다. "다른 사람에게 좋은 일을 하면 자존감도 높아집니다. 삶의 질을 높일 수 있는 가장 확실한 방법이죠."

이처럼 우리도 자신이 받은 하나님의 은혜를 다른 사람들에게 흘려 보내며, 어떠한 환경에서든 하나님의 자녀라는 자의식과 높은 자존감을 분명히 가지고 있어야겠습니다. 또한 하나님의 직접적인 다스림을 받기 위해 늘 그분의 뜻을 물으며 살아야겠습니다.

■■ 하나님의 사랑이 드러나는 교회

하나님은 기가 막힌 분이십니다. 언젠가 기도하면서 참된 교회의 모습을 그리고 있을 때였습니다. 밤새 비행기를 타고 이스라엘에 도착했고, 시차 때문에 조금 일찍 일어나 말씀을 묵상하던 중 요한일서 4장 7~12절 말씀이 떠올랐습니다.

> 사랑하는 자들아 우리가 서로 사랑하자 사랑은 하나님께 속한 것이니 사랑하는 자마다 하나님으로부터 나서 하나님을 알고 사랑하지 아니하는 자는 하나님을 알지 못하나니 이는 하나님은 사랑이심이라 … 사랑하는 자들아 하나님이 이같이 우리를 사랑하셨은즉 우리도 서로 사랑하는 것이 마땅하도다 어느 때나 하나님을 본 사람이 없으되 만일 우리가 서로 사랑하면 하나님이 우리 안에 거하시고 그의 사랑이 우리 안에 온전히 이루어지느니라.

하나님의 사랑이 드러나는 곳에 하나님의 뜻이 있고, 그 사랑을 통해 하나님이 어떤 분이신지 드러납니다. 무엇보다 교회에서는 우리를 사랑으로 세우시는 하나님의 이야기가 드러나야 합니다.

제가 좋아하는 말이 있습니다. "성경은 실패한 사람들의 성공적인 이야기가 담긴 책이다!" 성경에 등장하는 인물들은 실패 없이 살아간 사람들이 아니라 실패를 성공으로 바꾼 사람들입니다. 구약의 인물 가운데 가장 부당한 고난을 겪은 사람은 요셉일 것입니다. 그러나 그는 부당한 고난과 그로 말미암은 실패의 삶에서 한 번도 좌절하지 않았습니다. 오히려 성경은 그의 인생이 더 좋지 않은 환경에 처해질 때마다 하나님이 함께하셨다고 증언합니다.

여호와께서 요셉과 함께하시므로 그가 형통한 자가 되어 그의 주인 애굽 사람의 집에 있으니(창39:2).

여호와께서 요셉과 함께하시고 그에게 인자를 더하사 간수장에게 은혜를 받게 하시매(창39:21).

요셉은 함께하시는 하나님이 계셔서 좌절할 수 없었습니다. 모든 사람이 실패라고 생각하며 부당하다고 생각하는 환경 속에서도 그는 하나님을 인정하며 살아갈 원동력을 얻은 것입니다. 그는 하나님의 약속을 붙들고 있었기에 만나는 사람들에게 친절할 수 있었던 것 같습니다. 그는 충실한 하인이었고, 성실한 죄수였고, 옥중에서 고통받는 자들의 훌륭한 상담자였습니다. 그런 그의 삶을 보고 사람들은 깨달았습니다. '하나님이 그와 함께하시는구나!' 하나님을 믿지 않는 사람들이 요셉의 삶을 통해 하나님을 보았던 것입니다.

아직까지 하나님을 본 사람은 아무도 없습니다. 하지만 하나님이 '사랑'이라는 것을 교회를 통해 보여줄 수 있습니다. 아니, 우리가 보여주는 것이 아니라 세상이 보게 될 것입니다.

요셉 이야기의 백미는 창세기 50장 20절에 있습니다. 지금까지 살아왔던 자신의 인생을 보건대 하나님께서 모든 악을 선으로 바꾸셨다는 고백입니다. 그래서 자신에게 해를 끼쳤던 모든 사람이 하나님의 손길과 하나님의 사랑을 보게 되었다는 것입니다.

세상은 권력을 잡으면 자신에게 해를 끼친 사람들에게 복수하려고 합니다. 하지만 하나님의 교회는 힘이 생기면 하나님의 은혜를 생각하고, 하나님의 사랑을 나눌 방법을 생각합니다.

요셉의 삶을 바라보는 주변 사람들은 그들과 살아가는 방식이 다른 요셉을 이해할 수 없었습니다. 마찬가지로 교회를 바라보는 세상도 교회를 이해할 수 없어야 합니다. 자신들의 상식과 합리성을 뛰어넘는 일들을 하는 곳이 교회이기 때문입니다. 세상이 교회를 바라보며 자신들과 별반 다를 것이 없다고 생각한다면 그것이 가장 수치스러운 일입니다.

■■ 하나님의 사랑이 없는 교회는 어떻게 되는가

교회의 역사를 살펴보면 아버지의 뜻이 드러나지 않는 교회가 많았습니다. 아버지의 사랑을 드러내지 못하는 교회는 반대로 큰 죄와 증오를 낳았습니다. 그럴 때 아버지의 손이 정말 무섭게 교회를 치시는 것을 봅니다. 그렇게 하지 않으면 풍성한 열매를 거둘 수 없기 때문입니다.

오늘날 교회가 어려움을 당하는 것은 '힘'으로 무언가를 할 수 있다고 생각했던 과거의 잘못된 신앙 때문입니다. 그들은 11세기에 십자군 전쟁을 통해 힘으로 성지를 탈환하고 하나님께 영광을 돌릴 수 있다고 생각했습니다. 200년 동안 계속된 전쟁은 인류 역사상 가장 잔인한 전쟁이었습니다. 십자가 깃발을 들고 자행한 살인이었습니다. 하나님의 이름으로 하나님의 이름을 더럽힌, 역사상 가장 치욕스러운 일에 대한 대가를 오늘날 교회가 그대로 당하고 있습니다.

유럽이 가장 강력하게 부흥하던 때 역시 하나님이 교회를 축복하시던 때였습니다. 그런데 그들은 자신이 받은 축복을 나누고 복음을 전해야겠다는 생각으로 다른 나라들을 침범하기 시작했습니다. 칼과 총이 들어가는 곳에 어김없이 선교사들이 성경을 들고 들어갔습니다. 그들에게는 하나님의 영광과 교회의 힘이 있었지만, '아버지의 사랑'은 없었습니다. 사람들은 교회의 힘 앞에 벌벌 떨었지만, 아버지의 형상은 볼 수 없었습니다.

요르단 지역을 지날 때 카라크 성을 보고 깜짝 놀랐습니다. 황량한 모압 땅 광야에 어떻게 이런 성이 설 수 있었을까? 소위 난공불락의 요새입니다. 삼면이 가파르고 성벽이 얼마나 두껍게 만들어졌는지 모릅니다.

그런데 바로 그 성이 십자군들이 성지를 탈환하며 만들어놓은 성이라고 합니다. 그 성을 보면서 처음으로 든 생각이 무엇인지 아십니까? '이 성을 짓기 위해, 이 많은 돌을 옮기기 위해 얼마나 많은 사람이 고생하며 죽어갔을까? 성지를 탈환하고 지키기 위해 그렇게 많은 사람이 죽어갔다면, 그 땅이 무슨 의미가 있을까? 하나님 아버지의 마음이 얼마나 아프셨을까?'

교회의 힘은 재물을 쌓고 권력을 휘두르는 데 있지 않습니다. 아무리 이 땅을 움직이는 권력자들이 교회에 있어도, 하나님의 사랑이 드러나지 않으면 하나님 아버지의 모습을 어디에도 보여줄 수 없기 때문입니다.

견고한 카라크 성은 100년을 버티지 못하고 폐허가 됩니다. 십자군의 위력도, 총과 칼을 앞세우고 복음을 들고 들어갔던 선교사들의 유세도 끝나 버렸습니다. 하지만 이름도 힘도 없이 하나님의 사랑을 가지고 죽어갔던 사람들의 흔적은 수천 년이 지난 지금도 여전히 남아 있습니다.

■■ 교회의 진정한 힘

교회의 힘은 하나님의 말씀대로 살아갈 때 나타납니다. 하나님이 주시는 은혜를 나눌 수 있는 교회, 믿음대로 행하는 교회가 진정한 힘이 있는 교회입니다. 세상이 교회를 보면서 우리의 아버지가 하나님인 것을 알 수 있어야 합니다. 이제는 교회가 무엇을 할 수 있다는 힘을 자랑할 것이 아니라 하나님이 하실 수 있는 능력을 드러내야 합니다.

교회가 자신의 힘을 드러내지 않으려 한다면, 실수나 실패도 두려워하지 않을 것입니다. 단지 아버지의 뜻이 드러나는지만 물을 것입니다. 두려움은 실패할 것 같다고 생각할 때 찾아오는 것이기 때문입니다. 하지만 하나님의 능력을 믿으면 두려워할 일이 전혀 없습니다.

하나님의 교회는 하나님께서 일하신다는 확신을 가져야 합니다. 거룩한 일을 위해 하는 일은 지금 당장 실패 같더라도 결코 실패가 아닙니다. 거룩한 씨는 아무리 척박한 땅에 뿌려져도 반드시 싹이 날 것입니다.

전설적인 선수 베이비 루스는 714개의 홈런을 쳤습니다. 그는 무려 1,330회의 스트라이크 아웃을 당했지만 소위 선수들이 겪는 슬럼프에 빠졌을 때도 미소를 잃지 않았다고 합니다. 그리고 쉬지 않고 방망이를 휘둘러 댔습니다.

어느 날 한 기자가 그에게 물었습니다.

"당신은 어떻게 이런 상황 속에서도 낙담하지 않을 수 있습니까?"

"저는 깨달았죠. 만일 계속적으로 방망이를 휘두르면 평균 타율법에 의해 회복된다는 것을요. 실은 제가 슬럼프 상태일 때는 투수에게 좀 미안합니다. 조만간 그것에 대한 값을 치러야 할 테니까요."

교회는 묵묵히 아버지의 뜻대로 행해야 합니다. 세상이 실패라고 해도 그곳에 하나님의 마음이 있다면 절대 두려워할 필요 없습니다. 이 세상에서는 멍청하게 인생을 낭비한다고 비난받았던 사람들에 의해 역사가 일어났고, 세상은 도저히 이해할 수 없었던 헌신과 나눔을 행한 교회들을 통해 복음이 전파되었습니다.

따라서 우리는 이렇게 선포해야 합니다.

"아버지의 이름으로 행하는 그 어떤 것도 낭비가 아니며 헛되게 뿌려지는 것도 없다. 아버지의 이름으로 행하는 모든 것은 거룩한 아버지의 뜻으로 돌아오게 될 것이다!"

교회의 본질은 사람들을 만족시키는 공동체가 아니라
하나님의 뜻을 아는 사람들이 그분의 뜻대로 살아가기 위해
시시때때로 성령님의 인도하심을 구하는 공동체입니다.
그래서 본질적인 교회가 되기 위해서는 항상 성령님께 길을 물어야 합니다.

MANNA
METHODIST CHURCH

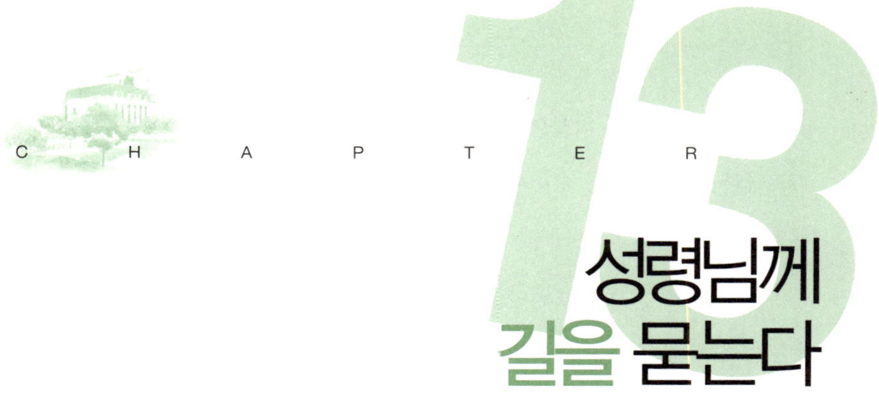

■■ 옳은 길을 가는가

제가 목회하면서 늘 느끼는 것이지만, 신앙의 문제와 교회의 문제는 아버지의 뜻을 모르기 때문이 아니라 그 뜻을 행하는 방법을 모르기 때문에 생길 때가 더 많다는 생각을 합니다.

제가 처음으로 경험한 성지순례에서 많은 것을 얻었습니다. 대개의 경우는 신학 전공자나 목회자들을 통해 설명을 듣는데, 요르단 지역을 지날 때에는 오랜 경험이 있는 한 평신도 집사님이 가이드를 했습니다.

그분은 언제부터인가 성지순례 가이드를 하면서 자신의 일에 대한 회의가 들기 시작했다고 합니다. 역사 유적지에 대해 설명하고, 성경 지식에 대하여 많은 설명을 하지만, 과연 이 사람들이 '성지 순례'를 하는가, '성지 관광'을 하는가에 대한 의문이 들기 시작한 것입니다.

모세와 이스라엘 백성이 40년 동안 지났을 끊임없이 펼쳐진 광야를 지나는 차 안에서 무감각하게 앉아 있거나 조는 교인들에게 그 시간이 무슨 의미가 있을까요? 바로 저 황량한 광야에서 이스라엘 백성과 함께 걷는 자신의 모습을 볼 수 있어야 하는데 말입니다.

성지순례를 하는 크리스천이 참 많은데, 이들이 아는 하나님과 그들의 지식이 실제 삶에서는 아무런 영향력도 발휘하지 못한다는 생각이 들었던 것입니다.

그분은 어렸을 때 예수를 믿지 않았는데, 이유는 같은 반 아이 때문이었다고 합니다. 어느 날 그 아이가 맛있는 빵을 가지고 학교에 왔기에 반 아이들이 모여서 조금씩 나눠먹자고 했는데, 그 아이는 빵을 들고 화장실에 들어가 혼자 다 먹고 나왔다고 합니다. 그런데 바로 그 아이가 교회를 열심히 다니는 아이였기 때문에 교회를 다니지 않게 되었다고 합니다.

이제 하나님을 믿게 된 그 집사님은 자주 자신에게 이런 질문을 한다고 합니다. '내가 누군가에게 복음의 장애가 되는 것은 아닌가?' 우리도 자신에게 이런 질문을 던져봐야 합니다.

그분이 예루살렘에서 가이드를 하던 시절의 이야기도 해줬는데 그 또한 많은 생각을 하게 했습니다. 예수님께서 십자가를 지기 위해 마지막으로 기도하시던 겟세마네 동산으로 올라가는 길에는 많은 아이와 노인이 관광객에게 물건을 팝니다. 그들은 순례자도 아니고 예수님을 믿는 사람들도 아닙니다. 단지 예수님을 믿는다고 성지를 찾아온 사람들을 대상으로 장사하며 먹고사는 사람들입니다. 물건을 하나라도 더 팔기 위해 얼마나 귀찮게 달려드는지 모릅니다. 그러면 성지에 찾아온 사람들은 한 명도 예외 없이 물건을 사면서 조금이라도 더 깎기 위해 흥정을 합니다.

그런데 그 집사님이 갑자기 이런 생각이 들더랍니다. '거기에서 물건을 파는 사람들은 크리스천들이 아니라 그곳에 사는 아랍 사람들, 어쩌면 기독교에 대한 반감을 가진 이슬람 교도들인데, 바로 그 사람들 앞에서 성지를 방문한 크리스천의 모습이 매일 드러난 것 아닌가! 과연 그들의 눈에 크리스천들의 모습이 어떻게 비춰졌을까?'

그러던 어느 날 집사님은 그 거리에서 한 할아버지가 낙타 모양의 물건을 하나 사면서 10달러를 들고 7살 난 아이와 다투는 듯한 모습을 보게 되었다고 합니다. 가서 정황을 살펴보니 이 할아버지에게는 손자가 하나 있어서 5달러짜리 선물을 하나 샀는데 10달러짜리밖에 없으니까 나머지 5달러는 그냥 가지라고 말한 것을 물건을 팔던 아이가 알아듣지 못해 물건을 주지 못하고 있는 상황이었답니다. 가이드가 설명해주자, 그 아이는 5달러짜리 낙타를 10달러에 팔고 가면서 이런 말을 하더랍니다.

"그렇게 많은 크리스천 중에 저런 사람은 처음 봤어요."

그때부터 가이드의 눈에 귀찮게 달려드는 장사꾼의 모습이 아니라 어렵게 살아가는 사람들의 모습이 보이기 시작했답니다. 그래서 성지순례 오는 사람들에게, 그렇게 중요하거나 값비싼 것이 아니면 조금 눈 감아주고 참고 사주면 좋겠다고 말하기 시작했답니다.

그리고 그제야 성지를 관광하는 것과 성지를 순례하는 것의 차이를 알게 되었답니다. 아무리 성지에 와서 건축물을 보고, 예수님이 다니셨던 길을 따라 다녀도 삶이 변하지 않는 것은 관광일 뿐입니다. 그때부터 그분은 사명감을 가지고 '성지순례 가이드'를 하게 되었노라고 고백했습니다.

저는 교회의 본질을 생각하면서, 세상과 동일하게 맞서고 계산하는 것이 아니라 하나님의 말씀 앞에서 성령님의 인도하심을 받고 나아가는 것이 교회의 힘이 아닐까 생각했습니다.

시내 산을 향해 광야 길을 가는 동안 버스에 에어컨이 무척 강하게 나왔습니다. 그런데 사람마다 추위를 느끼는 정도가 달라서 바람의 세기를 어떻게 조절해야 할지 난감했습니다. 광야를 지나면서 이런 상상을 해보았습니다. 모든 사람을 만족시키는 것은 불가능한 일이 아니겠는가? 그렇다면 장정만 60만이 넘는 사람들을 이끌고 간 모세는 얼마나 힘들었을까? 그들의 불평을 들으며 광야를 지나는 것이 얼마나 어려운 일이었을까? 하나님께서 함께하시지 않았다면, 성령님의 인도하심이 없었다면, 감당하기가 무척 힘들었을 것입니다.

교회의 본질은 사람들을 만족시키는 공동체가 아니라 하나님의 뜻을 아는 사람들이 그분의 뜻대로 살아가기 위해 시시때때로 성령님의 인도하심을 구하는 공동체입니다. 그래서 본질적인 교회가 되기 위해서는 항상 성령님께 길을 물어야 합니다.

요한복음 15장 4절은 교회의 본질을 명확하게 설명합니다.

> 내 안에 거하라 나도 너희 안에 거하리라 가지는 포도나무에 붙어 있지
> 아니하면 스스로 열매를 맺을 수 없음 같이 너희도 내 안에 있지 아니하면
> 그러하리라.

"이것이 교회다!"라고 말할 수 있으려면 '아버지의 뜻'이 이루어지는지를
계속해서 물어야 합니다. 아주 본질적이지만, 사람들이 간과하기 쉬운 부분
입니다. 이 부분에 대하여 묻지 않는다면 하나님과 관계없는 교회가 될 수
도 있기 때문입니다. 하나님과 관계없는 지식으로 가득 찬 교회는 어떤 능
력도 없습니다. 건물의 모양은 교회이지만 하나님의 역사가 일어나지 않습
니다. 어떠한 '열매'도 맺을 수 없습니다.

아버지의 뜻대로 행하는 교회라야 열매를 맺을 수 있다는 원리, 그 열매
를 맺기 위해서는 아버지 안에 있어야 한다는 원리, 아버지 안에 거하기 위
해서는 끊임없이 성령님께 길을 물어야 한다는 원리가 적용되는 곳이 교회
입니다.

저는 아버지의 뜻을 묻는다는 것은 성령님과 동행하는 교회라고 생각합
니다. 하나님 아버지는 성령님을 통해 역사하시기 때문입니다. '성령님이
운행하시는 교회!', 그것이 바로 본질적인 교회의 모습입니다. 우리가 하나

님의 뜻을 물을 때, 성령님은 하나님의 뜻을 보이실 것이기 때문입니다. 그러면서 〈요한복음〉에 나와 있는 성령님의 본질에 대하여 생각해봤습니다.

그러나 진리의 성령이 오시면 그가 너희를 모든 진리 가운데로 인도하시리니 그가 스스로 말하지 않고 오직 들은 것을 말하며 장래 일을 너희에게 알리시리라(요 16:13).

교회가 교회 되기 위해서는 해야 할 일이 있습니다. 교회는 건물이 아니라 살아 있는 조직체이기 때문에 끊임없이 "왜?"라고 물어야 합니다. 그 물음 앞에서 조직이 가야 할 길이 분명해지기 때문입니다. "왜 이 일을 하고, 왜 이 길을 가고, 왜 하나님이 이 일을 원하시는가?" 등 하나님 앞에서 끊임없이 질문해야 합니다.

"너희는 내가 일러준 말로 이미 깨끗하여졌으니"(요 15:3). 교회가 하나님의 일을 하는 공동체가 된다는 것은 교회가 가진 능력에 있는 것이 아닙니다. 아버지께서 우리를 이미 깨끗하게 하셨기 때문입니다. 교회는 거룩한 사람들이 모인 곳이 아니라 거룩하지 못한 사람들이 거룩하게 인침을 받아 모인 곳입니다. 교회는 능력 있는 사람들이 모인 공동체가 아니라 하나님께서 성령의 능력으로 부어주신 체험이 있는 사람들의 모임입니다.

요한복음 15장 3절의 "깨끗하여졌다"는 말에 주목하기 바랍니다. 대개 자존감을 상실하는 이유가 무엇입니까? 죄짓는 사람들의 특징이 무엇입니까? 자신이 이미 버려지고 쓸모없는 존재라고 느끼기 때문 아닙니까?

그런데 하나님께서 이미 선언하셨습니다.

"내가 너희를 이미 깨끗하게 하였노라!"

우리가 하나님 아버지 안에 속하여 있다는 증거입니다. 깨끗함에는 그 깨끗함을 유지하려는 노력이 뒤따릅니다. 새 옷을 입고 나가면 불편합니다. 특히 하얀 와이셔츠를 입고 식사를 할 때면 무척 조심스럽습니다. 더러운 것이 묻으면 너무나 명확하게 눈에 띄기 때문이지요. 따라서 조금 불편하더라도 깨끗함을 유지하려면 신경을 써야 합니다.

데보라 노빌이《리스펙트》라는 책에서 이렇게 말합니다.

자기 존중감이 있는 사람은 정직하다. 다른 사람에게 친절하며 부족한 것이 없는지 늘 살피고 매사에 긍정적이다. 자기 존중감이 강한 사람일수록 성공할 확률이 높다. 꿈을 이루기 위해 위험도 기꺼이 감수하기 때문이다.

다음은 그녀가 말한 '자신을 존중하지 않는 사람들의 15가지 특징'입니다. 교회 혹은 자신의 모습을 비교해보기 바랍니다.

1. 쉽게 결정하지 못하며, 다른 사람에게 의견을 구하면서도 귀는 기울이지 않는다.

2. 남의 탓만 하고 자기 잘못은 말하지 않는다.

3. 방어적으로 행동한다.

4. 변화를 두려워하며, 새로운 것을 시도하려고 하지 않는다.

5. 사람들을 믿지 않으며 사사건건 의심한다.

6. 상대가 싫어하는 얘기를 하는 것을 즐긴다.

7. 갑자기 눈물을 흘리는 등의 돌출행동으로 사람들의 관심을 끌려 한다.

8. 완벽주의를 추구한다. 그러나 그를 위한 노력은 하지 않는다.

9. 항상 이기려고만 한다.

10. 이익이 없는 일에서도 속이려고 든다.

11. 거짓말을 하거나 허풍을 떤다.

12. '미안하다'는 말을 필요 이상으로 자주 한다.

13. 일을 시도하기보다는 변명부터 먼저 꺼낸다.

14. (다른 이는 관심도 없는데) 남을 의식해 걱정하고 주눅이 든다.

15. 사소한 일에도 아니라고 말하지 못하고 전전긍긍한다.

교회의 자기 정체성이 무엇입니까? 우리의 부족한 모습을 보는 것이 아니라 하나님 아버지에게 연결되어 있기 때문에 이미 거룩하고 깨끗해진 자존감이 있고, 그 자존감으로 말미암아 세상을 대하는 안목과 태도가 달라지는 것입니다. 교회를 통해 이 자존감이 드러나야 합니다. 세상에서 우리를 어떻게 지킬 것이냐를 고민하는 것이 아니라 우리를 불러주신 하나님 앞에 교회가 어떻게 반응할 것이냐를 고민하며 물어야 합니다.

조선일보《위클리 비즈》의 편집장인 이지훈 씨는 그의 책《혼창통》을 통해 "당신은 이 셋을 가졌는가?"라는 질문을 던집니다. 그리고 '혼'을 움직일 수 없는 기업은 이제 생존할 수 없다고 말합니다.

‘혼’은 기업이든 교회든 그곳에서 일하는 사람들이 가지는 정신(spirit)을 의미합니다. 이 정신(혼)은 ‘씨’를 뿌리는 것이고 ‘창(創)’은 밭을 갈고 물을 주어 가꾸는 것입니다.

‘창’은 날마다 새로워지려는 노력입니다. 끊임없이 변화하는 세상은 우리에게 끊임없는 변화를 요구합니다. 지금 한국교회가 안고 있는 숙제는 ‘복음의 탁월성’이 아니라 이 탁월함을 어떻게 꽃 피우고 열매 맺게 할 것이냐의 문제입니다. 이 시대의 역사를 보면 교회든 기업이든 탁월함을 유지하는 것이 무척 힘들어 보입니다. 그 이유는 과거의 성공에 길들여져 더는 변화하려고 하지 않기 때문입니다. ‘왜?’라는 물음 없이 복음이 전파되는 현장에서 교회는 너무나 무력할 수밖에 없습니다.

1968년 멕시코 올림픽에서 사람들을 놀라게 한 사건이 있었습니다. 미국의 육상선수였던 딕 포스베리가 높이뛰기에서 우승한 것입니다. 8만 관중이 모인 경기장에서 사람들은 포스베리가 뛰어넘을 때마다 입을 딱 벌리고 아무 말도 하지 못했다고 합니다. 그가 이전까지와는 완전히 다른 방식을 선보였기 때문입니다.

모든 사람이 다리를 벌리고 뛰어넘는 가위뛰기 방식을 사용했을 때, 그는 가로대로 달려가서는 몸을 비틀어 머리부터 뛰어넘었고, 이때 등은 공중에서 바닥을 향했습니다. 포스베리가 우승한 후에도 10년간 대세는 계속 가위뛰기였습니다. 하지만 지금 모든 높이뛰기 선수는 포스베리 방식으로 뜁니다. 아무도 시도해보지 않은 방식이 새로운 역사를 쓴 것입니다.

한국교회의 가장 큰 위기는 변화하지 않으려는 것입니다. 아직도 그 옛

날의 영광을 꿈꿉니다. 수많은 인파가 여의도 광장에 몰려들었던 빌리 그레이엄 집회나 평양대부흥 운동 때와 같은 한국교회의 힘을 동일한 방식으로 찾아보려 하지만, 사람들이 따라오지 않습니다. 교회는 꿈꾸는데 사람들은 교회에 모여야 할 이유를 발견하지 못합니다. 이제는 굳이 여의도 광장 같은 곳으로 가지 않더라도 텔레비전과 인터넷을 통해 집에서도 얼마든지 옛날에 만났던 위대한 영적 지도자들을 만날 수 있는 세상이 되었기 때문입니다.

'창조적'이라는 말을 오해하지 않기를 바랍니다. 창조적인 물음이라고 해서 완전히 다른 무엇을 의미하지는 않습니다. 이것은 하나님의 말씀으로 세워진 교회의 본질에 대한 물음이 아니라 복음을 전하는 방식에 대한 물음이고, 어쩌면 아주 작은 부분에 대한 물음입니다.

중국의 경영 컨설턴트인 왕중추가 《디테일의 힘》이라는 책을 써서 화제가 된 적이 있습니다. 그에 의하면 '100-1=0'입니다. 100가지를 다 잘했어도 한 가지를 잘못하면 허사라는 것입니다. 물론 그가 중국인들의 국민성을 생각하며 더 강조한 말일지도 모릅니다. 중국인들이 디테일에 약하다는 것을 그도 잘 알고 중국인도 잘 아는 것 같습니다. 그런데 지금 한국교회에 필요한 것이 바로 1% 디테일의 힘인 것 같습니다. 이 땅에 사는 사람들의 마음을 움직이게 하는 복음의 탁월성을 보여줄 수 있는 아주 작은 변화 말입니다.

아주 작은, 그렇지만 본질적인 물음을 던져보면 좋겠습니다.

"왜 하나님께서는 많은 교회 중에 우리 교회를 여기에 있게 하셨는가?"

“왜 이 시대에 이 민족 가운데 우리 교회가 존재하는가?”

‘시대정신’을 묻는 1%의 디테일이 필요합니다. 우리가 기뻐하고 환호하는 교회의 모습이 하나님의 기쁨과 동일한지 물었으면 좋겠습니다. 아직까지 누군가 하지 못했던 일, 그러나 하나님의 가슴을 뛰게 하는 1% 힘이 이곳저곳에서 일어났으면 좋겠습니다.

우리 교회가 정말 하나님의 길을 가는지 성령님께 물어야 합니다. 우리가 온전하기 때문이 아니라 아버지께서 우리를 온전하다고 하셨기 때문에, 이미 우리를 깨끗하게 하셨기 때문에, 우리는 그 깨끗함을 유지하기 위해 아주 작은 티끌 하나로 하나님의 교회가 손상받지 않도록 끊임없이 길을 물으며 가야 합니다.

■■ 하나님의 뜻을 행하기 위해 질문하라

예수님께서는 보혜사 성령님을 보내셔서 우리를 도우시겠다고 약속하셨습니다. 우리가 어떻게 행해야 할지를 가르쳐주시겠다는 것입니다.

성지순례에서 느꼈던 이야기를 하나 더 하겠습니다. 성지에 도착한 첫날 처음으로 방문했던 장소가 겟세마네 동산이었습니다. 감람산이라고도 불리는 그곳에는 주기도문교회가 있습니다. 아마도 예수님이 그곳에서 제자들에게 주기도문을 가르쳐주셨던 것을 기념하는 것 같습니다. 그 교회에는 168개 언어로 된 주기도문이 있습니다.

가이드하는 목사님이 주기도문은 예수님의 기도가 아니라 예수님이 제자들에게 가르쳐주신 기도라는 말을 했습니다. 그리고 우리에게 주기도문의 핵심이 무엇인지 물었습니다.

사람마다 다른 생각을 할 수 있겠지만, 저에게 주기도문의 핵심은 "하늘에 계신 아버지여!"라는 말이었습니다. 기도는 하늘에 계신 아버지에게 하는 것입니다. 그러면 무엇을 기도합니까? "하나님의 뜻이 이루어지기를" 기도합니다. 그 다음에는 아버지의 뜻이 이루어지기 위해 구해야 할 내용을 기도해야 합니다.

저는 그곳에서 두 가지를 생각했습니다. 성경을 보면 예수님께서 습관을 따라 감람산에서 기도하셨다(눅 22:39)고 합니다. 그리고 십자가를 지시기 전 겟세마네 동산에서 "하늘 아버지의 뜻이 이루어지기를 위해" 땀방울이 핏방울이 되도록 기도하셨습니다. 따라서 감람산은 예수님이 제자들에게 하나님 아버지의 뜻이 무엇인지를 가르치셨던 곳이자, 하나님 아버지의 뜻을 물었던 곳입니다.

교회가 무엇입니까? 하나님의 뜻이 이루어지는 곳입니다. 어떻게 하나님의 뜻이 이루어집니까? 하나님 안에서 생각하고, 하나님 안에서 행동하고, 하나님 안에서 미래를 계획하면 됩니다. 계속해서 강조했듯이, 교회는 교회의 뜻을 이루는 공동체가 아니라 하나님의 뜻을 이루는 공동체입니다.

교회가 만일 교회에 속한 사람들의 뜻을 이루려 한다면 그것이 가능할까요? 교회에 사람이 많아지면 많아질수록, 교회가 부흥하면 부흥할수록, 서로 다른 생각들이 충돌하기에 복잡하고 힘든 공동체가 될 수밖에 없지 않겠습니까? 하지만 아무리 사람이 많고 그들의 생각이 모두 다르다 해도 "하나님의 뜻이 무엇입니까?" "오늘도 우리가 하나님 안에 있습니까?"라고 물을 수 있다면 올바른 교회가 될 수 있을 것입니다.

이 물음은 어떤 커다란 변화를 요구하는 것이 아닙니다. 교회는 교회로서 해야 하는 일이 있습니다. 교육도 하고, 예배도 드리고, 구제와 친교도 합니다. 그런 모든 일을 내려놓아야 한다는 것이 아니라 그 모든 일 가운데 하나님께서 우리 자신과 교회에 대하여 어떤 계획을 가지고 계신지 물어보라는 것입니다.

그러면 우리는 때때로 "하나님의 계획은 우리의 계획과 다를 수 있구나!"라는 것을 발견할 수 있습니다. 그리고 하나님의 계획 앞에 순종하는 사람들은 "하나님의 계획은 우리의 계획보다 훨씬 더 완벽하구나!"라는 것을 경험할 수 있습니다.

우리는 늘 우리의 뜻을 이루고 싶어 하는데 성경은 이렇게 말씀합니다.

"내 안에 거하라 나도 너희 안에 거하리라"(요 15:4).

가지는 포도나무에 붙어 있지 않으면 스스로 열매를 맺을 수 없습니다. 교회가 교회인 것은 하나님 아버지의 부르심이 있기 때문입니다. 따라서 하나님 아버지의 뜻 가운데 거해야 합니다. 하나님 아버지께서 우리를 부르신 이유는 심판이 아니라 풍성한 열매를 맺기 위함입니다. 그렇다면 그 풍성함을 누려야 하지 않겠습니까?

그러므로 교회 안에서 우리의 생각이 존중받지 못한다고 해서 하나님의 뜻이 이루어지지 않는다고 착각하지 마십시오. 때로 우리가 세운 계획대로 되지 않더라도 교회가 잘못되어 간다고 착각하지 마십시오. 끊임없이 우리 교회가 하나님 안에 있는지를 물을 수 있다면, 그리고 그분의 뜻에 순종한다면, 반드시 열매 맺는 교회가 될 것이기 때문입니다.

■■ 내 뜻이 무너지는 축복

2009~2010 《포춘》이 발표한 '세계에서 가장 존경받는 기업' 1위가 '애플'입니다. 2009년 매출 14조에 순이익만 2조원에 이르는 대기업의 총수가 스티브 잡스입니다. 그는 1955년 미혼의 대학원생 부부에게서 태어나 양부모에게 입양됩니다. 그의 양부는 고등학교도 마치지 못한 사람이었고 그는 부유하지 않은 환경에서 자랐지만, 1976년 애플사를 창업합니다. 그러나 10년이 지난 1985년, 자신이 키워놓은 회사에서 경영진에 의해 쫓겨납니다. 너무나 큰 충격에 그는 유럽 곳곳을 자전거를 타고 다니며 모든 것을 잊으려 합니다.

그러다가 미국의 나사에서 민간인을 훈련시켜 우주 왕복선에 탑승시키는 프로그램을 발표하자, 스티브 잡스는 그 일을 통해 인생을 다시 한 번 살아보려고 지원합니다. 하지만 마지막 심사과정에서 탈락하고 맙니다.

그는 정말 오랫동안 자신의 뜻대로 되지 않는 인생을 살며 깊은 절망을 경험했습니다. 그런데 1986년 1월 28일, 어쩌면 그가 타게 됐을지도 모르는 챌린지 호가 발사 73초 만에 폭발하게 됩니다. 꿈에 부풀었던 탑승자가 공중에서 연기와 함께 사라져버리는 순간이었습니다.

꿈을 이루지 못한 사람도 실패한 것이 아니고, 꿈을 이룬 사람도 성공한 것만은 아니었던 것 같습니다. 사실 지금 이 순간에도 우리는 우리의 뜻을 이루기 위해 얼마나 열심히 기도합니까? 그리고 내 뜻이 이루어지고, 내 의견이 관철되면 얼마나 흥분합니까? 그런데 하나님 아버지께서는 우리의 뜻이 아니라 하나님의 뜻이 이루어지기를 원하신다는 것을 기억하십시오.

앞으로 만나교회가 어떤 교회가 되어야 할지 하나님 앞에서 뜻을 물었더니 분명해지는 것이 있었습니다. 하나님은 만나교회가 큰 교회가 되는 것보다 좋은 교회가 되기를 원하신다는 것이었습니다. 이 세상 마지막 날에 하나님은 만나교회가 무엇을 얼마나 많이 가졌느냐고 묻지 않으실 것입니다. "만나교회가 내 안에 있었니?"라고 물으실 것입니다. 내 마음에 들지 않는 것이 하나님의 마음에는 들 수도 있고, 내가 원하는 것이 하나님의 소원은 아닐 수도 있습니다.

〈불의 전차〉라는 영화를 보셨습니까? 이 영화는 1924년 파리 올림픽에서 우승한 에릭 리들이라는 사람의 이야기입니다. 선교사의 자녀로 중국 선교에 대한 꿈을 가지고 있던 그는 올림픽에 참가하기 위해서 배를 타고 가던 중 자신의 주종목인 100m 경기가 주일에 열린다는 소식을 듣습니다.

그는 올림픽 참가 전에 그가 경기에 나가는 것이 꼭 하나님의 일이냐고 말리는 누이에게 이런 말을 했습니다.

"하나님은 나에게 중국 선교사로서의 사명도 주셨지만, 나는 하나님의 영광을 위해 재능도 받았다."

그런데 하나님의 영광을 위해 참여한 올림픽 경기가 열리는 날이 하필 주일이었던 것입니다. 그는 하나님의 영광을 위해 올림픽에 참가했는데, 주일을 범하면서 경기를 해야 하는지 고민하기 시작했습니다.

유력한 우승후보였던 그에게 어떤 사람들은 조국을 위한 일이니 경기에 출전하라고 설득합니다. 그러나 에릭 리들은 하나님을 위해 그 경기를 포기하고 경기가 열리는 주일에 설교를 합니다. 그리고 자신의 주종목이 아닌 400m에 도전합니다. 결과가 어떻게 되었는지 궁금하신 분은 꼭 영화를 보시기 바랍니다.

에릭 리들의 결정이 어리석어 보입니까? 하지만 그가 결코 어리석지 않다는 것을 하나님이 보여주셨습니다. 하나님이 영광을 받으시는 방법이 무엇인지를 분명하게 보여주셨습니다. 이 이야기를 통해 하나님의 공동체로 부름받은 우리와 우리가 모인 교회가 무엇을 물어야 할지 조금 명확해지지 않습니까?

《기도의 기본으로 돌아가라》는 황형택 목사의 책에서 아주 의미 있는 단어의 차이를 설명합니다. '뜻'이라는 단어가 헬라어에는 두 가지가 있는데, 먼저 '블레마'라는 말은 이루어질 수도 있고 이루어지지 않을 수도 있는 뜻을 의미하고, '텔레마'라는 말은 반드시 이루어져야 하는 뜻을 의미합니다. "나라가 임하시오며 뜻이 하늘에서 이루어진 것같이 땅에서도 이루어지이다"(마 6:10)에서의 뜻은 '텔레마'로, 꼭 이루어져야 하는 뜻을 의미합니다.

우리가 고민하며 물어야 하는 것이 바로 '블레마'인지 '텔레마'인지의 문제입니다. 나의 뜻이 '블레마'라면 하나님의 뜻인 '텔레마' 앞에서 꺾을 수

있어야겠지요. 하나님 안에 거하며 성령님의 인도하심을 물을 수 있는 교
회, 그래서 열매 맺는 교회를 꿈꿉니다.

신앙은 하루하루를 사는 것입니다.
교회는 살아 계신 하나님, 우리의 생명의 근원이신 예수님에게서
매일 공급받아야 합니다.
그리고 늘 하나님과 소통해야 합니다.

Manna
METHODIST CHURCH

예수님과 교제하다

■■ 나무와 가지의 관계

교회의 본질을 잘 설명해주는 또 하나의 단서는 '관계'입니다. 요한복음 15장 5절에서는 이렇게 말씀합니다. "나는 포도나무요 너희는 가지라 그가 내 안에, 내가 그 안에 거하면 사람이 열매를 많이 맺나니 나를 떠나서는 너희가 아무것도 할 수 없음이라." 나무를 떠난 가지는 아무것도 할 수 없습니다. 가지는 나무를 통해 영양을 공급받습니다. 따라서 나무와 연결되어 있지 않은 가지는 생명력이 없습니다. 그러므로 교회는 늘 생명의 근원이신 예수님과 연결되어 있는지를 물어야 합니다.

〈요한복음〉 말씀을 묵상하는 가운데 '연결되어 있다', '교제한다', '소통한다'라는 말을 조금 더 깊이 묵상해봤습니다. 우리가 예수님과 연결되어 있으면 통하는 것이 있습니다. 굳이 말로 하지 않아도, 눈빛만 봐도 압니다.

어떤 분의 신앙고백을 들었습니다. 그분은 늘 하나님과 동행하는 것을 느낀다고 합니다. 어느 때는 기도하면서 이미 하나님이 '이 기도를 들으시는구나! 응답해주시는구나!'라고 생각할 때가 있답니다. 그러면 기도하면서도 매우 기쁘고 좋다고 합니다. 그런데 어떤 때는 기도하면서 '이 기도는 내가 하나님이라도 들어줄 수 없겠구나!'라는 생각이 든다고 합니다. 기도하는 우리가 아는 것이지요.

하나님의 뜻을 구하는 기도, 성령님의 인도하심을 구하는 기도는 참으로 중요합니다. 하지만 더 높은 단계가 있습니다. 특별히 기도하지 않아도 항상 하나님과 교제하는 것입니다.

참 멋지지 않습니까? 반대로 생각해봅시다. 우리가 매일 열심히 기도하지만 하나님의 뜻과 무관한 기도를 드린다면 어떤 일이 일어날까요? 교회는 하나님을 믿는 공동체인데, 하나님의 뜻을 꺾으려고 바득바득 기도하면 되겠습니까? 하나님과 같은 길을 가기 위해 기도해야 하지 않겠습니까?

하나님과 동행하는 교회가 되어야 합니다. '아! 우리 교회가 하나님 안에 있구나!' '아! 하나님이 우리 교회에 계시는구나!'라고 고백할 수 있는 교회가 되어야 합니다.

'교회를 얼마나 아름답게 짓느냐? 교회를 건축하는 데 돈이 얼마가 드느냐' 하는 것은 사실 중요하지 않습니다. 알고 보면 우리가 얼마나 비본질적인 문제로 논쟁하는지 모릅니다. 우리가 포도나무 가지라면 포도나무인 예수님의 입장에서 생각할 수 있어야 합니다. 예수님은 돈보다 한 생명에 더 큰 관심을 가지고 계십니다. 예수님은 돈보다 은혜와 자비, 용서에 더 큰 가치를 두고 계십니다. 예수님과 교통하는 교회라면 건물에 돈이 얼마나 드느냐를 가지고 논쟁할 것이 아니라 그 돈의 가치만큼 예수님의 마음이 있느냐를 생각해야 하지 않을까요?

우리 교회를 리모델링할 때 가장 돈을 많이 들인 곳이 교육관인데 그 부분에 대해서는 전혀 부끄럽지 않습니다. 어려운 사람을 돕는 것도 참으로 중요하지만, 하나님의 마음을 가지고 어려운 사람들을 도울 수 있는 하나님의 사람들을 키워내는 것이 더 중요하기 때문입니다.

절대로 교회의 일을 세상의 가치 기준으로 보지 않았으면 좋겠습니다. 그 대표적인 사건이 요한복음 12장에 나오지 않습니까? 예수님께서 유월절 엿새 전에 베다니에서 열린 잔치에 참여하셨습니다. 그곳에서 죽었다가 다시 살아난 나사로의 누이 마리아가 예수님께 나아옵니다. 그리고 마리아는 비싼 향유, 곧 순전한 나드 한 근을 가져다가 예수님의 발에 붓고는 자기 머리카락으로 예수님의 발을 닦습니다. 그런데 이것을 바라보는 가룟 유다의 반응이 어떠했습니까? 이 향유를 삼백 데나리온에 팔아 가난한 자들에게 나누는 것이 더 옳지 않느냐고 말합니다. 이게 예수님이 무엇이라고 대답하십니까? 이 여인의 행동은 예수님의 장례할 날을 위하여 행한 것이라고 말씀하십니다.

같은 자리에서 일어난 같은 사건을 예수님과 가룟 유다가 다르게 보고 있습니다. 가룟 유다는 예수님과 함께 있었지만, 예수님과 교통하지 않았던 것입니다. 그의 생각과 행동이 포도나무인 예수님에게서 나온 것이 아니라 자신에게서 나왔기 때문에 이런 결과가 나타난 것입니다.

우리 교회 안에 예수님께서 계신다면, 교회에서 일어나는 모든 일이 예수님과 교통하는 일이어야 합니다. 우리의 기쁨과 예수님의 기쁨이 동일해야 합니다.

■■ 예수님의 마음이 '우리'를 향해 있다

제가 가장 가슴 아프게 여기는 일이 있다면, 그것은 교회 안에 예수님의 마음이 없다는 것입니다. 자신만 생각하고 '우리'를 생각하지 않는다는 것입니다. 나에게는 너무나 당연한 하나님의 은혜가 다른 사람에게는 그렇게 당연하지 않다고 여긴다는 것입니다.

이 부분에서는 저도 전혀 자유롭지 못합니다. 교회에서 일어나는 모든 일이 예수님과 교통하는 마음으로 일어나기를 바랍니다. 내가 용서받은 만큼 다른 사람도 용서받으면 좋겠습니다. 나를 세워주신 예수님이 다른 사람도 세워주셔서 풍성하게 열매 맺게 해주시면 좋겠습니다. 그러나 항상 그런 마음을 갖기는 쉽지 않습니다.

저는 어디 가든지 우리 교회 장로님들을 자랑하고 다닙니다. 정말 우리 교회 장로님들처럼 훌륭하고 목회를 잘 돕는 분들이 없습니다. 하지만 한 가지 염려되는 부분이 있습니다. 언제부터인가 나를 세워주신 하나님의 은혜를 잊고 바리새인처럼 다른 사람들에게 엄격해지려고 하는 경향이 생기는 것입니다.

대부분의 장로님이 장로가 될 때 그런 이야기를 하셨습니다.

"목사님! 저같이 부족한 사람이 할 수 있나요?"

그때마다 제가 그런 말을 했던 기억이 납니다.

"자격이 있어서 되는 사람이 누가 있나요? 부족하지만 세워주시면 좋은 장로로 성장해가는 것이지요. 교회를 위해, 하나님을 위해, 목회를 돕는 좋은 장로님이 되어주세요."

그런데 언제부터인지 이런 말을 하는 사람도 있습니다.

"목사님, 장로를 잘 뽑으세요. 그 사람은 자격이 안 됩니다. 목사님 마음대로 뽑으면 안 됩니다. 어떤 교회는 장로 되기가 국회의원 되기보다 힘들다고 하는데 우리도 그렇게 투표해야 합니다."

그런 소리를 들으면서 저는 속으로 "그렇게 했다면 어쩜 장로님도 이 자리에 없었을 것입니다"라는 생각을 할 때도 있습니다. 장로든 권사든 집사든 성도든 자신의 모든 것이 하나님의 은혜라고 고백하는 공동체가 진정한 교회입니다.

신학교를 다니던 때, 학교를 그만두고 새로운 진로를 모색하려던 때가 있었습니다. 그 당시에 아버님과 나눴던 대화를 잊지 못합니다.

"아버지! 목회를 하기에는 자신도 없고 제가 이중인격자 같아요! 도저히 저는 설교를 할 수 없을 것 같아요."

그러자 아버님이 이렇게 말씀하셨습니다.

"병삼아! 이 세상에 누가 자격이 있어 설교하는 사람이 있겠니. 이 아버지도 자격이 있기 때문에 설교하는 게 아니라 일단 하나님의 말씀대로 설교하고 나도 그대로 살려고 노력한단다.”

우리가 흔히 착각하는 것 중의 하나는 가장 중요한 일을 너무나 당연하게 생각하는 것입니다. 우리가 당연하게 생각하는 하루하루의 일들이 정말 그렇게 당연한가요?

어떤 모임에서 인상적인 기도를 들었습니다.

“하나님! 오늘은 우리가 지금까지 경험해보지 못한 새로운 날을 맞이합니다. 우리 인생의 최고의 날이 되게 하여주십시오!”

저는 ‘어떻게 저런 멋진 기도를 할 수 있나? 얼마나 멋진 신앙고백인가?’라는 생각을 했습니다. 우리가 맞는 오늘은 지금까지 경험해볼 수 없었던 놀라운 일로 가득 차 있는 날입니다. 생명의 근원이신 예수님과 연결되어 있지 않다면 결코 경험할 수 없는 놀라운 일을 누리는 것입니다.

이 부분에서 예수님께서 우리에게 가르쳐주신 기도가 생각났습니다. “우리에게 날마다 일용할 양식을 주시옵고”(눅 11:3). 여기에서 ‘날마다’라는 말은 헬라어 원어로는 ‘어떤 특정한 목적을 가진 그날’이라는 뜻이 있습니다. 예수님과 연결되어 있는 한, 우리는 매일 특별하고 의미 있는 날을 사는 것입니다.

신앙은 하루하루를 사는 것입니다. 교회는 살아 계신 하나님, 우리의 생명의 근원이신 예수님에게서 매일 공급받아야 합니다. 그리고 늘 하나님과 소통해야 합니다.

세계적인 광고회사 사치앤사치(Saatchi & Saatchi)의 CEO인 캐빈 로버

츠는 소비자의 마음을 읽기 위한 열쇠를 이렇게 설명합니다.

"나에게는 원칙이 하나 있어요. '정글로 가라!' 정말로 사자가 어떻게 사냥하는지 알고 싶다면? 당연히 동물원이 아닌 정글로 가야겠죠. 하지만 대개의 기업은 동물원으로 가서 정보를 얻어요."

세상 사람들이 예수 믿는 사람들을 보면서 하는 말이 있습니다.

"도대체 대화가 안 되는 사람들이에요!"

이 말이 우리가 복음의 본질을 지키며 흔들리지 않는 신앙을 보여준다는 뜻이면 좋지만, 만일 이 말 속에 전혀 세상과 소통하지 않는 꽉 막힌 사람이라는 의미만 담겨 있다면 아주 심각한 일입니다.

참 신기하지 않습니까? 복음의 능력이 가장 강하게 드러나고 교회가 크게 부흥하던 때는 크리스천이라 불리는 사람들이 그렇게 많지 않았습니다. 오히려 믿지 않는 가정에서, 그리고 우리의 신앙을 조롱하는 사람들 틈에서 강력한 복음의 능력이 증명되었습니다. 그런데 하나님을 믿는 사람이 많아지면서, 주변에 우리와 동일한 생각을 가진 교인들이 많아지면서, 오히려 위대한 하나님의 말씀이 영향력을 잃고 있습니다. 정치, 경제, 교육계의 수장이 크리스천임에도 세상을 향해 영향력을 잃어버린 교회를 봅니다. 세상을 이해하지도, 소통하려고 하지도 않는 교회는 이미 영향력을 상실한 교회일 수밖에 없습니다.

방향의 전환이 필요합니다. 교회가 복음을 들고 세상에 나가 그들과 소통해야 합니다. 내가 아닌 '상대'에게 초점을 맞추어야 합니다. 상대방을 이해하려고 노력해야 합니다. '감성지능'으로 유명한 다니엘 골먼은 "최고의 결과를 기대하는 리더는 우선 팀원들에게 좋은 감정을 갖게 만들어야 한다"라고 말했습니다. 교회가 이 시대를 이끌어가는 리더가 되기를 원한다면 이 세상이 교회에 대해 좋은 감정을 갖도록 해야 합니다.

초기 크리스천들은 친절하고 이방인들에게도 잘해주어 이교의 부흥을 꿈꾸던 율리아누스 황제가 "기독교를 본받으라!"라는 말을 하지 않았습니까? 하나님을 알지 못하는 사람들에게 친절하지 못하고, 그들을 사랑하지 못하면서 어떻게 복음이 전해질 수 있겠습니까?

기독교가 공인되기 전 로마가 전쟁으로 시달리던 때, 백성을 구하기 위한 생필품을 전달할 가장 믿을 만한 사람들로 크리스천들을 지목한 것도 매우 흥미로운 일입니다. 자신들은 하나님을 믿지 않아도, 가장 믿을 만한 사람들이 누구인지는 알고 있었던 것입니다. 세상에 대한 이해가 세상 속에서 복음의 능력을 드러내는 가장 좋은 방법인 것 같습니다.

■■ 예수님과 뜻을 같이하는 것

이제 예수님과의 교제에 대해 좀 더 명확하게 알아보겠습니다. 우리가 어떻게 예수님과 동행할 수 있을까요? '뜻'을 같이하는 것, 그것이 진정한 동행 아닐까요? '동상이몽(同床異夢)'이라는 말이 있듯이, 같이 있다고 동행하는 것이 아니라 같은 뜻을 가져야 합니다.

예수님은 포도나무요, 우리는 가지라고 했는데, 우리가 아무리 주장해도 포도나무를 통해 물이 공급되고 양분이 공급되지 않는다면 어떤 열매도 맺을 수 없습니다.

예수님은 감람산에서 제자들에게 기도를 가르쳐주셨습니다. 아버지의 뜻을 따라 사는 것이 무엇인지를 알려주셨습니다. 그리고 바로 그곳에서 예수님 자신도 아버지의 뜻을 따르기 위해 땀방울이 핏방울이 되도록 기도하셨습니다. 예수님과의 교제를 통해 우리가 배우고 따라야 하는 것은 아버지의 뜻이 무엇인지를 분별하는 것입니다.

그러면 예수님과 교제한다는 것은 어떤 의미이며, 어떤 결과를 가져올까요? 틀림없이 십자가를 지는 일들이 일어나게 될 것입니다. 예수님의 가장 큰 고민은 하나님께서 지라고 하신 십자가였습니다.

그래서 예수님께서도 "될 수만 있다면 이 잔을 나에게서 거두어주옵소서!" 하고 기도하셨습니다. 이것이 솔직한 심정입니다. 하지만 "나의 뜻대로 하지 마옵시고, 아버지의 뜻대로 하옵소서"라고 기도하셨습니다. 이것이 하나님의 사람의 기도입니다.

우리도 예수님과의 끊임없는 교제 가운데 결단하고 져야 하는 십자가가 있습니다. 성지순례를 갔다가 예수님께서 십자가를 지셨던 길을 묵상하며 걸었습니다. '정말 이 길을 왜 가야 하나'라는 생각을 했습니다. 주변이 시장통으로 변해 있었고, 우리가 찬송하고 묵상하며 가는 그 길을 그곳 사람들은 별 의미 없다는 듯 일상적으로 지나다니그 있었습니다. 게다가 그 길은 예루살렘 안에서도 아랍 사람들이 거주하는 지역이라 코란을 읽는 소리가 울려 퍼지고 있었습니다.

　예수님은 십자가를 지시기 위해 이 길을 올라가셨을 텐데, 우리도 이 길을 비장하게 걸어가는데, 어쩌면 주변에서 일어나는 일들은 이렇게 일상적일 수 있는지 놀랐습니다. 우리가 십자가의 길을 가는 동안 정말 우리와는 무관한 일들이 일어나고 있었습니다.

　예수님께서 십자가에 달리신 골고다 언덕에는 교회가 세워져 있습니다. '성묘교회'라 불리는 그 교회는 콘스탄틴 대제의 어머니 헬레나가 세운 교회입니다.

　예수님의 시신을 염했던 장소에서 잠시 무릎을 꿇고 묵상하는 시간을 가졌습니다. 그때 제 마음에 주시는 감동이 있었습니다. 로마 병정들의 채찍을 맞으며 십자가의 길을 가신 예수님에게 있어 가장 큰 고통은 육신의 아픔이 아니었을 것 같다는 것이었습니다.

　예수님이 십자가를 지시던 그때에도 수없이 많은 사람이 무관심하게 예수님을 바라보았을 것이고, 예수님을 조롱했을 것이고, 자신들의 삶을 살아가느라 바빴을 것입니다. 예수님은 육신의 아픔보다는 외로움을 더 크게 느끼셨을 것 같다는 생각이 들었습니다. 어쩌면 배신감이 몰려왔을 것이고, 예수님의 사역과 뜻을 이해하지 못하는 사람들 때문에 많이 서러웠을 것 같습니다. 그리고 그것이 십자가의 길이라는 생각을 했습니다. 우리도 이 십자가의 길을 가야 합니다.

　얼마 전 장로 및 교역자들과 함께 소통에 대한 문제로 워크숍을 한 적이 있습니다. 행복한 교회 생활을 위해 담임목사와 교인들, 교역자와 교인들 간에 소통이 잘 이루어져야 한다는 것이었습니다. 그런데 이야기를 나누면서 참 많은 사람이 정말 다양한 생각을 가지고 살아간다는 것에 절망감을 느꼈습니다. 소통이 중요하기는 하지만, 마음을 맞춘다는 것이 아주 어렵습니다.

그래도 방법은 있습니다. 우리가 서로 소통하는 것이 아니라 예수님과 소통하기 위해 우리 모두 집중하는 것입니다. 그러면 자연스럽게 소통이 이루어지지 않을까요?

■■ 예수님과 교제할 때 일어나는 일

이제 좀 더 깊이 포도나무와 가지와의 관계를 생각해보겠습니다. 한 가지는 여러 나무와 연결될 수 없습니다. 그러나 포도나무 하나에는 여러 가지가 함께 붙어 있습니다. 그러므로 포도나무인 예수님과 연결되어 있는 가지인 교회에서는 두 가지 일이 동시에 일어납니다.

첫 번째로 포도나무인 예수님과 연결되는 교회가 필연적으로 경험하는 '외로움'의 정체성에 대하여 생각해보겠습니다.

아무리 외롭다고 포도나무 가지가 다른 나무에 연결된다면 생명력이 있겠습니까? 포도 열매를 맺을 수 있겠습니까? 저는 예수님과 교제하는 교회는 때로 광야에 서 있는 듯한 외로움을 느끼는 것이 당연하다고 생각합니다. 오히려 이렇게 생각해야 합니다. '아! 이것은 외로움이 아니라 예수님과의 친밀함을 위해 꼭 필요한 일이구나!'

이스라엘 백성이 시내 산을 향해 이집트로 국경을 넘어 들어갔을 때 바란 광야를 지나야 했습니다. 바란 광야는 이스라엘 백성이 38년을 머물렀던 곳이고, 엘리야가 갈멜 산에서 850명의 이방선지자와 대결을 벌이고 나서 이세벨에게 쫓겨 로뎀나무 아래에서 죽기를 구하다가 하나님의 위로하심을 받고 머물렀던 곳이며, 다윗이 피난하던 시절 주옥 같은 시를 썼던 곳입니다. "여호와는 나의 피난처, 나의 반석, 나의 요새"라는 시를 어떻게 썼는지를 한눈에 보여주듯, 그곳에는 많은 바위가 있었습니다. 외롭지 않았다면, 광야로 내몰리지 않았다면 결코 그런 고백을 할 수 없었을 것입니다.

캄캄한 산길을 내려오며 너무나 힘이 들었습니다. 산 정상에서 가슴 벅차게 기도했는데도 어두움 가운데서 돌산을 내려오는 일은 무척 힘들었습니다.

그때 저는 다리를 다친 장로님을 부축했고, 힘들어하는 딸을 잠시 업어 주기도 했습니다. 그러다 보니 다른 사람처럼 부담 없이 갔다면 가볼 만했을 길이 무척 힘들었습니다. 다리가 떨리고 어깨도 아팠습니다. 그래서 이런 찬양을 부르면서 내려왔습니다.

"십자가 십자가 내가 생각할 때에⋯."

그리고 너무 힘들어서 잠시 쉴 때, 함께하던 사람들에게 이렇게 부탁했습니다.

"여러분이 가진 랜턴을 다 끄세요!"

모든 불을 끄고 하늘을 바라보자 별들이 쏟아지고 있었습니다. 그렇게 힘든 돌길이 아니면 느낄 수 없었을 감격이 거기에 있었습니다. 교회가 예수님과 함께 가는 길이 그와 같다는 생각이 들었습니다. 십자가를 진 채 힘들고 외롭고 예사롭지 않은 길을 가지만, 쏟아지는 하나님의 사랑과 은혜를 경험하며 가는 것입니다. 주님과 동행하며 가는 것입니다.

어느 목사님의 이야기입니다. 그 목사님이 속한 교단은 지방색이 강해서 호남은 호남끼리, 영남은 영남끼리 선교회를 조직하여 따로 모이기 시작했다고 합니다. 다른 지방 출신 목사님들도 이에 질세라 충청도끼리, 서울끼리 모임이 결성되었고 마침내 목사님께도 함께 모일 것을 통지했답니다. '선교회'라는 이름으로 모인 단체는 하나님의 뜻보다는 사람의 뜻으로 주도될 수밖에 없었던 것 같습니다. 선교회에 속하지 않으면 목회임지를 얻기도 힘들고, 아무도 돌봐주지 않기 때문입니다.

그러나 이 목사님은 그 모임에 참석하지 않기로 결정했다고 합니다. 이러한 모임은 하나님 앞에 옳지 않다고 판단했기 때문입니다. 그러나 이러한 결단은 그에게 '왕따'라는 고통을 주었습니다. 자신들의 뜻에 합류하지 않았다는 이유로 아무도 상대해주지 않았답니다. 그래서 목사님은 이렇게 결심했습니다. "왕따를 즐기자! 예수님의 뜻을 선택한 결과가 철저히 혼자되는 외로움이라면 가치 있는 일이 아니겠는가?"

저에게도 그런 경험이 있었습니다. 처음으로 전도사가 되어 시골에 갔습니다. 교인이라야 어른 둘, 아이 둘인 교회였습니다. 한 달에 한 번 그 지방에 있는 목회자들이 모이는데 대뜸 한 사람이 저에게 묻더군요.

"김 전도사는 누구 라인이야?"

저는 누구 라인인지도 몰랐고, 누구 라인에 속하기도 싫었습니다. 저 역시 그렇게 사람들과 어울리지 못했던 경험이 있습니다.

요즘도 저는 늘 장로님들에게 교회는 정치를 하는 곳이 아니라는 이야기를 합니다. 교단장 선거 때문에 교회가 갈라지는 것을 보면서 예수님이 어떻게 생각하실까요? 예수님께 연결되기보다는 힘 있는 사람에게 연결되기를 원하는 사람들이 모인 곳이 과연 하나님이 기뻐하시는 교회일까요?

예수님과 끊임없이 교제하고, 예수님께 끊임없이 영양분을 제공받으면 예수님의 DNA를 가지게 될 것입니다. 예수님은 철저하게 외로우셨던 분입니다. 사람들과 타협하지 않으시고 하나님과만 교제하셨기 때문입니다. 예수님은 충분히 하실 수 있는 일, 쉽게 행하실 수 있는 기적조차 하나님과 관계가 있는 일인지, 하나님의 뜻인지를 생각하셨습니다. 우리도 그런 예수님을 닮은 삶을 살아야겠습니다.

둘째는 '우리'라는 정체성입니다. 즉, 포도나무에는 여러 가지가 동시에 연결되어 있고, 한 나무에서 동일한 열매를 맺는다는 것입니다.

우리는 포도나무에 연결되어 양분을 공급받고, 그 은혜를 나눌 수 있는 가지가 되어야 합니다. 그러므로 예수님과 연결된 교회에 일어나는 필연적인 일, 예수님과의 교통을 통해 풍성한 열매를 맺는 교회의 필연적인 일은 '나눔'입니다.

시내 산을 올라갔을 때의 일입니다. 걸어서 올라가는 사람도 있고, 낙타를 타고 가는 사람도 있었습니다. 그런데 낙타를 잡고 가는 목동이나 안내하는 현지인들이 쉴 때마다 먹을 것을 달라고 했습니다. 신앙을 가진 우리 크리스천이 얼마나 자비롭고 마음이 넓습니까? 한 성도가 초콜릿을 나눠주면서 주변에 있는 다른 아이에게도 주었던 모양입니다. 그러자 낙타를 잡고 있던 아이가 막 소리를 질렀습니다. 그래서 쳐다보니, 왜 다른 아이에게도 주느냐는 것이었습니다. 그때부터 사람들의 가방이 닫혔습니다.

참 의미 있지 않습니까? 은혜는 한 나무에서 나옵니다. 그런데 그 은혜의 물줄기가 다른 가지로 가는 것을 막으면 은혜의 물길이 아주 막힌다는 것입니다. 또한 은혜의 물줄기는 가지에서 가지로 이어집니다. 가지 하나가 막히면 다음 가지도 말라 죽고, 고여 있는 물은 썩게 됩니다.

그래서 아마 예수님께서 제자들에게 가르쳐주신 기도에서 늘 하나님 아버지의 은혜를 잊지 않도록 '일용할 양식'을 구하라 하셨는데, '나'를 위해서가 아니라 '우리'를 위해서 구하라고 가르쳐주셨던 것 같습니다. 예수님과 연결된 생명의 은혜를 나만 누리는 것이 아니라 우리가 누려야 한다는 말씀입니다.

다음 이야기를 보며 혹시 우리의 이야기는 아닌지 생각해보기 바랍니다.

어떤 사업가가 문제를 안고 하나님께 기도하러 성전에 들어갔습니다. 그런데 앞에 있는 사람이 큰 소리로 기도를 하자 방해가 되었습니다. 가만히 들어보니까, 100만 원을 달라고 기도하고 있었습니다. 그런데 자신이 기도해야 하는 제목은 그 정도가 아니었습니다. 그래서 지갑에서 100만 원을 바로 꺼내주고는 "이제 당신의 기도는 응답되었으니 돌아가시오!"라고 말하고는 하나님께 기도하기 시작했습니다.

"하나님! 지방 방송 껐습니다. 이제 제 기도에 집중해주세요."

나에게 절실한 기도가 있듯 다른 사람에게도 절실한 기도가 있습니다. 나에게 별로 중요하지 않은 것이 다른 사람에게는 정말 중요할 수 있습니다. '나'를 중심으로 생각하면 '우리'는 보이지 않게 됩니다.

〈회복〉이라는 영화에서는 정말 잔인하게 예루살렘에 있는 교회를 핍박하는 유대인(종교인이라 불리는 극단적인 유대교 신자들)들이 나옵니다. 예수를 믿는 유대인들을 그곳에서는 "Mesianic Jew"라고 부릅니다. 구원자이신 예수님을 믿는 사람들이죠. 그런데 그들을 미워하는 같은 유대인들이 폭탄을 집 앞에 놓고 갑니다. 예배를 드리고 있는 교회에 불을 지르기도 합니다.

그리고 그들은 외칩니다. "너희는 우리와 다른 사람들이다! 십자군 전쟁 때 우리를 죽였고, 홀로코스트에서 6백만이 넘는 유대인을 죽였다!" 그렇습니다. "너희는 우리가 아니다!"라는 것입니다. 그들에게는 증오가 있습니다. 예수를 믿는다는 사람들이 자신들을 위해서만 기도하고 우리를 위해 기도하지 않을 때 그들의 마음에 얼마나 심각한 증오가 심겨졌는지 볼 수 있었습니다.

2천 년 역사 동안 유대인들이 얼마나 많이 학살당하고 미움을 받았는지 이스라엘에서는 수학시간에 더하기 기호를 '+'를 사용하지 않고 '⊥'를 사용한다고 합니다. 십자가의 모양이 나오지 않도록 말입니다. 예수님께서 지셨던 십자가가 과연 그런 십자가였을까요? 예수님께 십자가를 지게 한 이들을 끝까지 찾아가 죽이고 복수하라는 십자가였을까요? 과연 예수님께서 원하시는 교회가 그런 공동체일까요? 예수님께서는 원수를 향해서도 '우리'라고 생각하시고, 그들을 위해 몸을 내어주셨는데 말입니다.

우리가 포도나무인 예수님과 연결되어 있다면 예수님의 양분이 분명하게 전해져야 합니다. 그것도 '나'를 위해서가 아니라 '우리'를 위해서 전달되어야 합니다. 만약 우리 교회가 우리를 통해서 주시는 하나님의 은혜를 가로막고 있다면 얼마나 불행한 일이겠습니까? 포도나무인 예수님과 연결되어서 풍성한 포도 열매를 맺을 수 있는 교회가 되었으면 좋겠습니다.

'자발적 가난' '자발적 무소유'를 실천하는 교회를 꿈꿔봅니다.
그래서 우리가 풍성한 것이 아니라 우리 교회 때문에 누군가 풍성해지고,
그로 인해 감사할 수 있는 교회가 되자고 다짐합니다.

MANNA
METHODIST CHURCH

■■ 두려움 가운데

저는 교회의 본질에 대해 생각하면서, 그리고 우리 교회를 바라보면서 제일 먼저 떠오른 것이 '두려움'이라는 단어였습니다. 그러면서 요한복음 15장 6절의 말씀이 떠올랐습니다. "사람이 내 안에 거하지 아니하면 가지처럼 밖에 버려져 마르나니 사람들이 그것을 모아다가 불에 던져 사르느니라."

교회가 버림받는 것, 하나님의 사람이 버림받는 것이 얼마나 비참하고 두려운 일인지 아십니까? 하나님께 버림받는 것도 두려운 일이지만, 세상 사람이 우리를 모아다가 태워버릴 수 있다는 것을 상상해보십시오. 얼마나 무서운 조롱입니까?

그러나 저는 우리에게 주시는 이 두려움이 긍정적으로 작용할 수 있다고 생각합니다. 왜냐하면 〈요한복음〉의 이 말씀에는 우리를 심판하기 위함이 아니라 사명자가 되길 원하시는 하나님의 마음이 담겨 있기 때문입니다.

교회는 교회로서의 모습으로 세워질 때 존중받을 수 있습니다. 어떤 목사님의 설교시간에 들은 이야기입니다. 기도원에서 설교를 하는데 헌금 봉투에 이런 기도제목이 올라왔답니다.

"부부싸움을 하고 왔습니다. 남편을 변화시켜주소서!"

목사님이 그 기도제목을 보고는 설교를 시작하기 전에 통성기도를 하면서 이렇게 말씀하셨습니다.

"기도가 시작되면 이 기도제목을 쓴 사람은 당장 나가세요. 성경을 보면 예배를 드리기 전에 싸웠거든 화해하고 와서 제물을 드리라고 하지 않았습니까?"

생각해보면 우리는 너무나 당연한 일을 하지 못할 때가 얼마나 많습니까? 교회의 본질에 대해 알면서도 교회가 해야 할 일이 무엇인지 제대로 행하지 못할 때가 많습니다.

저는 이런 교회의 모습을 그려보았습니다. '깍두기 같은 교회!' 먹는 깍두기가 아니라 어렸을 적 놀이에서 있었던 '깍두기'를 생각했습니다. 무엇을 해도 잘하지 못하는 아이, 그런데 그 아이를 필요 없는 존재로 만드는 것이 아니라 이편 저편에서 다 필요한 사람이 되도록 만드는 지혜가 담긴 것이 바로 깍두기입니다.

잘하는 것이 없어서 초라하고 필요 없는 존재라는 이유로 공동체에서 소외시키는 것이 아니라 이쪽저쪽에서 다 한 번씩 참여하여 한쪽에만 피해가 가지 않도록 만들어주는 것입니다. 이 아이가 이쪽에서 실수하지만, 저쪽에서도 실수하기에 서로 불만을 가질 이유가 없습니다. 그리고 그 아이는 이쪽에서 한 번, 저쪽에서 한 번 더 해보기에 모자라는 실력이 점점 더 좋아질 수도 있습니다.

버림받는다는 것이 얼마나 두려운 일입니까? 쓰임받는다는 것은 또 얼마나 귀한 일입니까? 저는 결코 우리의 실력이나 존재 가치 때문에 하나님이 쓰신다고 생각하지 않습니다. 깍두기 같은 우리를 세우시는 하나님의 자비하심과 은혜가 있기 때문입니다.

예수님께서는 포도나무 비유를 통해 농부이신 하나님의 손에 우리가 달려 있기 때문에, 포도나무인 예수님께 우리가 붙어 있기 때문에 끝까지 버림받지 않고 열매를 맺을 수 있다고 말씀하셨습니다. 이것이 하나님의 은혜이고, 하나님의 계획입니다.

교회는 절대로 우리의 능력을 자랑하는 공동체가 아닙니다. 하나님의 능력이 살아나는 곳입니다. 이스라엘 백성은 솔로몬 성전에 들어갈 때 두 개의 기둥을 만났습니다. 성전 입구에 따로 세워져 있는 그 기둥은 건물을 받치는 기둥이 아니었습니다. 왼쪽에는 '보아스', 오른쪽에는 '야긴'이라 불리는 기둥입니다. 보아스는 '능력이 그분에게 있습니다'라는 뜻이고, 야긴은 '그분이 세우실 것입니다'라는 뜻입니다. 이것이 교회입니다. 우리의 능력을 자만하며 하나님을 외면하고 사람들을 무시하는 순간 교회를 떠받치는 기둥이 무너져 내립니다. 하나님의 능력이 떠나는 것입니다.

영영 죽을 우리를 하나님과 연결시키셔서 풍성한 열매를 맺을 수 있는 기회를 주셨는데도 우리가 끝까지 하나님과 연결되기를 원하지 않는다면 결국은 버려질 것입니다. 더욱 비참한 것은 하나님께서 우리를 버리시는 것이 아니라 세상 사람들이 우리를 집어다가 불에 던져버릴 것이라는 말입니다. 하나님께 버림받는 것도 두려운 일인데 그렇게 버림받은 우리가 하나님을 알지 못하는 사람들에 의해 불에 던져지는 수치를 당하게 될 것이라는 사실입니다.

그래서 저는 고민하며, 묵상하고 기도하게 되었습니다.

"하나님, 어떻게 하면 우리 교회가 하나님과 연결되어 열매 맺는 교회가 되고, 풍성하게 쓰임받는 교회가 될 수 있을까요? 그런 교회가 될 수 있도록 우리 교회의 모습을 보여주세요."

■■ 믿음으로 반응하는가

우리의 삶은 순간순간 선택의 문제에 연결되어 있습니다. 이럴 때 우리는 하나님의 부르심에 대하여 어떻게 믿음으로 '반응'해야 할까요?

하나님 아버지가 농부라는 사실 앞에서, 우리는 성령님의 인도하심을 따르겠다는 결단을 하고, 예수님과 교제하는 교회에 대한 비전을 나누었습니다. 저는 하나님께서 저희 교회만 부르셨다고 생각하지 않습니다. 만나교회는 부르심을 받은 교회 중의 하나일 뿐입니다. 중요한 것은 이 부르심에 대하여 모든 교회가 동일하게 반응하지는 않는다는 것입니다.

적어도 만나교회가 교인들을 관리하고, 교회의 생존에 대한 문제로 반응하는 것이 아니라 하나님께서 이 땅 위에 이루시기를 원하시는 뜻에 따라 반응하는 교회가 되겠다는 결심이 필요할 것입니다. 생존이 아닌 비전과 사명에 목숨 거는 교회가 되어야 합니다.

성경을 보면 생존에 따라 삶을 결정하는 사람과 사명에 따라 목숨을 내놓는 사람들이 있음을 보게 됩니다. 우리가 늘 생존의 문제를 염려하는 것은 내 삶의 주권이 하나님께 있음을 인정하지 않기 때문입니다. 그러다 보니 한 치 앞을 내다볼 수 없는 인생이 걱정되고 두려운 것입니다. 전적으로 하나님의 인도하심을 신뢰할 때 생존이 아닌 사명에 목숨 걸 수 있습니다.

2010년《좋은 생각》7월호 '미로에서 길을 묻다!'라는 제목의 글에 다음과 같은 이야기가 나왔습니다.

그리스 신화를 보면 미노스 왕의 아내가 부정을 저질러 황소 머리를 가진 아이를 낳습니다. 아이 이름은 미노타우로스인데, 분노한 왕은 당대 최고 기술자인 다이달로스에게 미노타우로스를 가둘 우리를 만들게 합니다. 왕의 명령에 따라 만들어진 '라비린토스(미궁)'는 매우 교묘하게 만들어져, 들어가기는 쉽지만 나오기는 어려운 미로였습니다. 미노타우로스는 그 미궁에 바쳐진 아이들이 길을 잃으면 그 아이들을 잡아 먹습니다. 매년 아홉 살 난 남녀 아이 일곱 쌍을 미노타우로스에게 제물로 바쳐야 하는 아테네 사람들의 심정이 어떠했겠습니까?

그때 테세우스와 아리아드네라는 영웅이 나타납니다. 아리아드네가 테세우스에게 실타래를 주었고, 테세우스는 실타래의 한쪽 끝을 입구 기둥에 단단히 동여매고 미궁 안으로 들어갑니다. 그리고 미노타우로스를 죽이고 아이들을 데리고 실을 따라 되돌아 나옵니다. 그래서 '아리아드네의 실타래'라는 관용어는 '아주 어려운 일을 해결하는 방법이나 물건'을 가리키는 말로 사용됩니다.

그런데 미로에서 길을 잃지 않는 가장 확실한 방법이 있다고 합니다. 왼손이나 오른손 중에 하나만을 사용해 절대로 손을 바꾸지 않고 벽을 만지면서 앞으로 가면 됩니다. 운이 없으면 시간이 오래 걸리겠지만, 반드시 출구를 발견하게 된다고 합니다. 아무리 복잡한 미로도 간단하게 줄이면 두 직선에 불과합니다.

이 글을 읽으면서, 교회의 생명은 끝까지 하나님의 뜻을 붙들고 성령님께 길을 물으며 예수님과 동행하는 것이라는 생각을 했습니다. 그 원칙만 변하지 않는다면 반드시 열매를 맺게 될 것입니다. 풍성한 열매가 있는 교회에서 풍성한 삶을 사는 우리의 모습을 사람들이 주목하지 않겠습니까? 교회의 영향력은 우리가 가진 힘을 자랑하는 것이 아니라 하나님의 뜻을 따라 이루어지는 풍성함이 자연스럽게 드러나는 것입니다.

그 나온 백성은 다 할례를 받았으나 다만 애굽에서 나온 후 광야 길에서
난 자는 할례를 받지 못하였음이라(수 5:5).

가만히 생각해보면, 출애굽할 때 그 어떤 누구도 축복에서 제외된 사람
이 없습니다. 그런데 그 축복의 세대가 모두 축복을 소유하지는 못했습니
다. 복된 출발을 했지만, 복된 과정을 지나가지 못해서 복된 결과를 얻지 못
한 것입니다.

저는 요즘 한국교회를 보면서 그런 생각을 합니다. 교회가 성장하면서
많은 기쁨을 누리고, 교인들의 헌신으로 인한 축복을 그다음 세대들이 누
립니다. 그런데 축복을 누리기 시작하면서 교회는 사명을 망각합니다. 축복
을 나누는 것이 아니라 주신 축복을 누리고 그것을 지키기만 하다가 죽어
가는 것을 봅니다.

서울 요지에 땅과 건물을 사고 세를 받으면서 유지되는 교회마다 다툼이
있습니다. 어떻게 하면 가진 것을 지킬까 고민합니다. 이러니 세상이 교회
를 바라보면서 매력을 느낄 수 있겠습니까?

저는 만나교회 목회를 하면서 '우리 윗세대 분들도 좀 더 밝은 혜안을 가
지고 좋은 데 땅도 사놓고 하지'라는 한탄을 한 적이 있습니다. 하지만 만일
우리에게 그런 땅이 있다면 지금 같은 헌신이 있었을까요? 그래서 결심했
습니다. 우리의 다음 세대가 축복의 열매를 먹는 교회가 아니라 끝까지 축

복을 나누고 헌신하는 교회가 되어야겠다고 말입니다.

그러려면 의도적으로 소유하지 않는 노력이 필요합니다. 바보처럼 눈에 보이는 이득도 취하지 않고, 소유할 수 있는 것도 소유하지 않은 채 살아야 겠다고 다짐합니다. 포도나무를 떠난 가지는 어떤 의미도 없습니다. 그래서 포도나무에 붙어 있기 위한 노력과 신앙적 결단이 필요합니다. '자발적 가난' '자발적 무소유'를 실천하는 교회를 꿈꿔봅니다. 그래서 우리가 풍성한 것이 아니라 우리 교회 때문에 누군가 풍성해지고, 그로 인해 감사할 수 있는 교회가 되자고 다짐합니다. 이 일이 우리에게는 무척 힘들 것입니다. 하지만 교회가 이 길을 가는 한 하나님께서는 끝까지 교회를 버리지 않으시고 사용하실 것입니다. 부자 교회가 되는 것보다 하나님이 쓰시는 교회가 되는 것이 더 중요하지 않겠습니까?

지갑을 열어놓고 사는 사람들이 되길 소망합니다. 들어오는 것은 하나님께서 마음껏 주시고 나가는 것은 필요한 자들에게 마음껏 나누어주는 교회가 되기를 꿈꿉니다. 아울러 '부활의 능력'이 살아 있는 교회, 누군가를 살리는 교회가 되는 꿈도 함께 가져봅니다.

어쩌면 욕을 들어야 할지도 모릅니다. 예수님도 많은 사람에게 욕을 들으셨습니다. 가장 치욕적인 십자가를 지셨습니다. 그런데 예수님은 그때마다 이렇게 대답하시지 않았습니까?

"아버지께서 일하시니 나도 일합니다."

"아들을 통해 아버지를 보는 것입니다."

여호수아 3장 1~6절을 보면 이스라엘 백성이 요단강을 건널 때, 법궤를 앞세우고 갑니다. 그런데 성경을 보니까 '이천 규빗쯤' 떨어져서 따라가라고 합니다. 약 1km 정도 되는 거리입니다. 너무나 많은 사람이 요단강을 건너가기에, 요단강이 언제 흘러넘칠지 모르는 상황에서 하나님을 보지 않으면 두려울 것이기에, 하나님을 바라보고 가라는 것입니다. 하나님과 함께 그 길을 가면서도 이스라엘 백성이 하나님을 잃어버릴까 봐 그런 명령을 내리신 것입니다.

우리 교회도 하나님의 일을 한다고 하면서도 하나님을 보지 못할까 봐, 그렇게 하나님을 바라보고 가는 교회가 되었으면 하는 꿈을 꿉니다. 무슨 일을 하든지 하나님을 앞서지 않고, 하나님의 인도하심을 받는 교회가 되었으면 좋겠습니다.

내가 하고 싶은 일, 우리 교회가 하고 싶은 일, 담임 목사가 하고 싶은 일이 하나님이 하고 싶은 일과 동일한지 늘 생각하며 살 수 있기를 소망합니다. 그래서 다음과 같은 원칙이 있는 교회가 되었으면 좋겠습니다.

"하나님이 기뻐하시는 일을 하자!"

"우리가 해야만 하는 일을 하자!"

"우리가 할 수 있는 일을 하자!"